KB018279

10초 행동력

일하는 습관을 바꾸는

KEKKYOKU,「SUGUYARU HITO」GA SUBETE O TENI IRERU
by Tatsuzo Fujiyoshi
Copyright © Tatsuzo Fujiyoshi 2015
Korean translation copyright © by WEMEDIA 2016

All rights reserved.
Originally published in Japan by SEISHUN PUBLISHING CO., LTD., Tokyo.
Korean translation rights arranged with SEISHUN PUBLISHING CO., LTD., Japan.
Through The English Agency Japan., LTD.

이 책의 한국어판 저작권은 The English Agency Japan., LTD.를 통한
저작권사와의 독점 계약으로 위미디어에 있습니다.
저작권법에 의해 한국 내에서 보호받는 저작물이므로 무단 전재와 무단 복제를 금합니다.

일하는 습관을 바꾸는 10초 행동력

후지요시 다쓰조 지음 • 김영희 옮김

도서출판 위

Do it Now!

CONTENTS

Chapter **2** 배우다

10초 안에 행동하는 사람의

사고법과 행동양식

Chapter 3 나를 바꾸다

행동하는 사람이 되는

10초 마인드 체인지

Chapter **5** 인생을 바꾸다

10초로 목표에 도달하는

사고와 행동

Do it Now!

프롤로그

'왜 내게는 행동력이 없을까?'
이런 생각을 한 적이 있는가.
오늘로 이런 고민은 끝이다.

그것도 단 10초 만에.

행동력은 약간의 요령과
마인드 컨트롤로 바꿀 수 있다.
10초 마인드 체인지를 할 수 있게 되면
행동력은 저절로 생겨나 인생을 바꾸는
힘이 된다.

성과를 높이는 '10초 행동력'의 비밀

단 10초로 행동력을 높인다

좋은 기회를 만나지 못하는 사람은 없다. 기회를 잡지 못했을 뿐이다. _데일 카네기

인생은 눈 깜짝할 사이에 변한다.

성공한 사람과 그러지 못한 사람의 차이는 실제로 크지 않다. 능력, 지식, 학력 등에 차이가 있다 해도 그것이 인생을 좌우할 정도는 아니다.

그러나 성공한 사람 또는 주위에서 좋은 평가나 신뢰를 받는 사람과, 그러지 못하는 사람 사이에는 분명히 '어떠한 차이'가 존재한다.

그것이 무엇일까?

- 즉시 행동으로 옮기는가?
- 기회가 찾아왔을 때 즉시 붙잡을 수 있는가?
- 정말로 하고 싶은 일을 찾았을 때 즉시 행동할 수 있는가?
- 남의 조언을 들었을 때 즉시 실행할 수 있는가?

즉 성공하는 사람과 그러지 못하는 사람은 행동력으로 모든 것이 결정된다.

그리고 '즉시'라는 말이 중요하다. 누군가가 조언을 해주거나, 새로운 것을 배우거나, 진심으로 하고 싶은 일이 생겼을 때 즉시 실행할 수 있느냐가 한 사람의 인생을 좌우한다. 즉시 행동하지 못하는 사람은 '이건 이렇고, 저건 저렇고'라며 고민만 하다가 기회를 놓쳐버린다.

행동력을 바꾸는 10초 체인지

나를 비롯한 모든 인간은 본래 게으르다. 무능력한 영업 사원이 새로운 업무나 귀찮은 업무를 담당하기 싫어하듯 현재의 상황을 바꾸면서까지 대단한 일은 하고 싶지 않은 것이 인간의 본성이다.

나는 다양한 코칭 방법과 심리학을 공부했고 수많은 비즈니스 현장을 보아왔다. 그러면서 **'인간의 행동 법칙'**을 발견할 수 있었다.

이는 기회나 정보를 손에 넣었을 때 10초 안에 행동할 수 있는 사람은 모든 것을 얻고, 10초 이상의 시간이 지나도 행동하지 못하는 사람은 아무것도 얻지 못한다는 것이다.

반드시 10초 안에 행동하지 않아도 상관없다. 정보가 뇌로 전해지고 공감했을 때, 10초 안에 '하자!'라고 결단을 내려라. 그런 사람만이 행동력을 가질 수 있다.

그렇다면 왜 10초 안에 행동하는 것만으로 이러한 차이가 생길까?

그것은 **행동에 '관성의 법칙'이 작용하기 때문**이다.

생각하는 바를 행동으로 옮기려면 결단력과 용기가 필요

하다. 일단 한 번 행동으로 옮기면 그다음은 훨씬 더 쉽게 행동할 수 있다.

이러한 상황은 자전거나 자동차를 떠올리면 쉽게 이해할 수 있다. 처음에 움직일 때는 제법 많은 힘이 필요하지만 그 이후에는 그리 많은 힘을 들이지 않아도 앞으로 나아간다. 0에서 1이 되기까지는 많은 에너지를 필요로 한다. 10을 20으로 만들거나, 20을 100으로 만들 때는 사실 그리 큰 에너지가 필요하지 않은 것과 같은 이치다.

무엇보다 중요하고, 가장 큰 장벽은 '처음 10초'다.

그러니 먼저 이 10초를 돌파해보자.

이 책에서는 '즉시 행동으로 옮길 수 있는 사람이 되는 방법'을 소개한다.

이 책에서 말하는 방법은 단순하지만 강력한 결과를 만들어낸다. 이 방법은 '기분'과 '관점'을 바꾸는 데서 시작된다.

관점이란 사물을 보는 '시점과 입장'이다. 이것만으로 당신의 행동력과 꿈을 이루는 속도가 놀라울 정도로 빨라진다.

100명 중 90명은 왜 즉시 실행하지 못할까?

인생은 단순하다.

올바른 사고와 올바른 행동을 반복하면 좋은 결과를 얻는다. 인생을 살면서 길을 잃거나 늪에 빠져 엉망이 된 자신을 바꾸지 못하는 사람에게는 대부분 두 가지 문제가 있다.

이런 사람은 잘못된 생각을 하고 잘못된 행동을 한다.

'생각'은 어떻게든 해볼 수 있을지도 모른다.

가장 큰 문제는 '행동'이다.

데일 카네기의 말처럼 기회는 누구에게나 평등하게 찾아온다. 하지만 찾아온 **기회를 붙잡아 10초 안에 행동할 수 있느냐**가 중요하다.

'행동하면 성공할 수 있다. 기회를 잡으면 성공할 수 있지만 놓쳐버린 기회는 언제 다시 올지 모른다. 두 번 다시 오지 않을지도 모른다.'

그런데도 많은 사람이 행동하지 않는다. 그로 인해 중요한 순간을 놓쳐버린다.

수동적으로 주어지는 기회뿐만 아니라 스스로 변하고 싶다고 생각할 때조차 마찬가지다.

예를 들어 '나를 바꾸고 싶다'는 생각이 들어 책을 읽거나 강의를 듣고 새로운 지식이나 삶의 방법, 노하우를 배워도 다음 날이 되면 거의 잊어버리고 바쁜 일상으로 돌아간다.

'왜 행동력이 부족한 인간이 되었을까?'

'어떻게 하면 즉시 행동하는 사람이 될 수 있을까?'

이 수수께끼를 푸는 열쇠가 이 책에 담겨 있다.

모티베이션이 있는데도 왜 실행하지 못할까?

실행하는 데 무엇보다 중요한 것은 '기분'이다.

그럼에도 대부분의 사람은 '기분'의 중요성을 인식하지 못한다.

내가 '기분이 중요하다'고 말하면 '모티베이션을 말하는 건가요?'라고 묻는 사람이 있다.

당연하지만 기분과 모티베이션은 다르다.

모티베이션은 동기나 결과에 대한 의욕이라고 번역된다.

운동선수의 경우 '우승하고 싶다', '이기고 싶다'라는 동기가 모티베이션이다. 비즈니스맨에게는 '올해는 실적을 달성하고 싶다'거나 '승진하고 싶다'가, 경영자에게는 '매출을 끌어올리고 싶다'거나 '상장하고 싶다'가 모티베이션이다.

모티베이션이 강하면 자연히 목표를 달성하기 위해 즉시 실행한다.

그런데 모티베이션은 강한데 실행이 동반되지 않는 경우가 있다.

'실적을 올리고 싶다', '이 업무는 보람이 있다'라고 생각하지만 사소한 일로 의욕을 상실하거나 갑자기 귀찮아지기도 한다.

실제로 좋아하는 일을 하는데도 의욕을 잃어버리는 사람을 자주 본다.

인간의 행동력은 모티베이션이 지배하는 것이 아니다.

행동력은 '기분'으로 결정된다. 가치관이나 미래상이 아무리 명확해도 기분이 가라앉으면 움직일 수 없다. 모티베이션이 강해도 기분이 내키지 않으면 대부분 의욕을 잃고 만다.

그와 달리 좋은 기분을 유지하면 도전하고 싶어지고 실행할 수 있다. 아무리 어려운 문제와 맞닥뜨려도 좌절하지 않는다. 도전하고 맞선다.

행동력을 높이고 싶다면 모티베이션뿐만 아니라 '기분'도

조정해야 한다.

관점을 바꾸어라

또 하나 중요한 것은 '관점의 전환'이다.

실행하지 못하게 되거나 사고가 정지되었을 때, 관점을 바꾸면 행동력이 높아진다.

앞에서도 정의했듯이 관점이란 사물을 보는 '시점과 입장'이다.

일을 진행하다가 행동이 멈춰버린 경우 대부분은 상대방의 반응을 지나치게 의식하기 때문이다.

예를 들어 상사에게 보고나 연락을 해야 한다는 점은 알고 있지만 실행하지 못하는 사람은 상사의 반응을 상상하며 질책을 받지나 않을까 불안해서 미루게 된다.

한 번만 다시 생각해보자. 사실은 상사의 입장을 헤아리는 것이 아니라 자신을 지키고 싶은 것이 아닐까?

상사는 언제든 대화할 마음이 있고, 부하직원에게 어떤 문제가 생기거나 불안해하면 도와줄 수 있다.

그러나 부하직원은 자신만 생각하는 바람에 상사의 마음을 헤아리지 못하는 것이다.

이쯤에서 10초만, 생각해보자.

'만일 상사의 입장이라면, 부하직원인 당신을 어떻게 보고 있을까?'

상사의 표정, 태도, 입버릇 등을 떠올리며 상사가 되어 그려보자.

어떠한가?

이것이 '관점의 전환'이다. 아마도 즉시 보고해주기를 바라는 상사의 마음을 알 수 있었을 것이다. 이 깨달음을 행동에 활용하면 어떻게 될까?

'즉시 보고하는 편이 낫겠군.'

'연락만이라도 해둬야지.'

이렇게 생각하게 될 것이다. 더불어 불안한 마음도 한결 누그러질 것이다.

즉시 실행하지 못하게 되는 원인 중 하나는 인간관계다. 예를 들어 인간관계에서 대립이나 충돌, 갈등이 있으면 마음이 굳어져 즉시 실행할 수 없게 된다.

어떤 상황을 자신의 관점으로만 볼 뿐, 관계자(상대방)의 관점에서 보지 않았기 때문이다. 관계된 사람이 네 명이라면 관점 역시 네 개여야 한다.

당신의 관점을 다이내믹하게 바꿔라.

그러면 어떻게 행동해야 하는지, 주위에서 어떻게 행동하기를 바라는지 알 수 있다.

이 책에서는 주관적 관점에서 벗어나 객관적 관점에서 사물을 본다. 나아가 상황 전체를 조감俯瞰하는 관점에서 본다.

이렇게 여러 가지 관점을 체험하면서 해결책을 찾는 방법을 소개할 것이다.

이 책은 세세한 테크닉과 하우투How to에 관해 알려주지는 않는다.

코칭 이론과 심리학적 측면에서 행동의 본질을 파악하고 자신을 자유롭게 움직이기 위한 책이다.

'행동하는 사람만이 인생을 바꿀 수 있다.'

자주 이런 말을 한다.

만일 당신이 행동하지 못하고 일정이나 마감을 미루고 있다면 이 책을 끝까지 읽어보기 바란다.

키워드는 '10초' 다.

이는 누구나 쉽게 할 수 있는 방법이다. 단지 실천하지 않을 뿐이다.

이 책이 당신의 인생을 바꾸는 데 도움이 된다면 더할 나위 없이 기쁠 것이다.

Chapter 1

즉시 행동하지 못하는 사람의
10가지 습관

Become aware
[알다]

즉시 **행동하지 못하는 사람들에게는 공통점**이 있다.
우선 이 점을 인식하라.

행동하지 못하는 사람은 어떤 습관을 가지고 있으며,
그 해결책은 무엇일까?

실행을 가로막는 사고에 빠져든다

해야 할 일을 미루거나, 항상 마감일이 되어야 겨우 일을 끝내거나, 생각만 하다가 실행하지 못하는 사람이 있다.

그와 달리 무슨 일이든 즉시 행동으로 옮겨 성과를 거두는 사람도 있다. 이런 사람들은 하겠다고 마음먹으면 즉시 실행한다. 불과 10초 안에 모든 것을 결정하고 행동한다.

도대체 무엇이 다른 걸까?

행동하지 못하는 사람은 '실행을 가로막는 사고 습관'을 갖고 있다. 때문에 하고 싶은 일이나 반드시 해야 하는 일이 있다는 사실을 알고 있지만 막상 행동하려고 하면 멈춤

장치가 작동한다.

즉시 실행하는 사람이 되려면 '실행을 가로막는 사고 습관'을 없애야 한다.

물론 그리 간단하지는 않다. 행동력이 부족해 고민하는 사람은 대부분 자신이 이러한 사고 습관을 갖고 있다는 사실을 인식하지 못한다.

그러하기에 더 나은 모습으로 변하고 싶어도 습관이 되어버려 생각만으로는 쉽게 고치기 어렵다.

우선 자신의 사고 습관을 인식하는 것이 중요하다.

'하고 싶은 일이 생겨도 왜 나는 하지 않을까?'

'꼭 해야 하는 일인데 왜 나는 미루기만 할까?'

한 번쯤 깊이 생각해보자. 그리고 실행을 가로막는 사고 습관을 바꿔보자.

그렇다면 당신처럼 자신의 행동에 스스로 브레이크를 거는 사람들의 공통점은 무엇일까?

'다른 사람의 행동을 보고 자신의 행동을 고치자'는 말은 아니지만 같은 사고 유형을 지닌 사람들의 특징을 살펴보자.

스스로 사고를 정지시킨다

행동하지 못하게 되는 상황 중에는 '곤란한 일을 마주했을 때'가 있다. 인간은 대처방법을 모르면 두 가지 생각으로 갈등하며 행동을 멈춘다.

'머릿속이 하얘져서 아무것도 할 수 없다.'

'이것도 해야 하고 저것도 해야 한다고 생각하면 시작하질 못하겠다.'

'끊임없이 이 생각 저 생각이 떠올라서 뭘 해야 할지 모르겠다.'

행동하지 못하는 사람들은 '해결 방법을 향해 움직이자'

는 생각과 '움직일 수 없다'는 생각이 대립하고 갈등한다. 그럼으로써 프리즈(사고 정지) 상태가 되고, 결국 실행하지 못한다.

이것은 사고가 행동을 가로막는 전형적인 예다.

이런 경우 어떻게 해야 할까?

사고의 정지 상태를 해제하는 방법은 **머릿속에서 부딪히는 각각의 생각을 모두 글로 써보는 것**이다.

'실패해서 상사에게 혼나면 어쩌지?'

'클레임이 들어오면 어쩌지?'

이런 식으로 잡다한 생각을 글로 써서 끄집어낸다.

마음속의 생각을 써내는 일은 복잡하게 얽힌 생각을 긁어내는 것과 같다. 한번 모두 긁어내면 머릿속은 제로 상태가 되고 자신에게 닥친 상황이나 해야 할 일을 객관적으로 정리할 수 있다.

이것만으로도 생각의 많은 부분이 정리되었을 것이다. 그 내용이 많으면 각각의 메모지에 적어 늘어놓는다.

분류하거나 순서를 정해 다시 늘어놓다 보면 머릿속에서 어떠한 것들이 갈등하고 있는지 쉽게 정리할 수 있다.

늘어놓은 메모지를 유심히 살펴보면서 자신에게 물어보자.

'어떻게 되기를 바라는가? 어떻게 하고 싶은가?'

'갈등을 해결하려면 어떻게 해야 하는가?'

그러면 해결된 상태, 즉 목표가 명확해진다. 제로 상태에서 생각하기 때문에 갈등은 사라진다.

목표가 명확해지면 필요 없는 메모지는 버린다. 대부분이 불안한 감정이거나 의미 없는 생각일 테니 쓸데없는 생각은 메모지를 버리는 순간 사라진다.

이제 남은 메모지는 꼭 해야 할 일의 목록이다. 무엇을 어떻게 할지, 어떤 순서로 할지 어렵지 않게 정리할 수 있다.

이제 행동으로 옮기기만 하면 된다.

비로소 행동할 수 있는 상태가 된 것이다.

프리즈(사고 정지) 상태에서 벗어난다

① 사고가 정지되면 머릿속에서 부딪히는 감정이나 생각을 메모지에 적는다.

② 메모지를 늘어놓는다. 순서를 바꾸거나 다시 분류하면 무엇이 부딪히는지 한눈에 보인다.

③ 이제 필요 없는 메모지는 버린다. 그러면 감정의 갈등도 사라진다.

지금 내 마음은
파업 중!

행동하지 못하는 상태는 머릿속의 명령에 대해 마음이 파업을 한 상태다. '일하고 싶다. 회사에 공헌하고 싶다'는 생각을 하는 한편, '이 정도의 연봉으로는 일할 수 없다'면서 파업을 하여 움직이지 못하는 상태인 것이다.

이때는, 먼저 이 뒤틀린 상태를 바로잡아야 한다.

이러한 상태를 바로잡는 가장 확실한 방법은 자신과 대화를 하는 것이다.

대부분의 파업은 대화로 해결할 수 있다. 왜냐하면 공통적인 목표가 있기 때문이다.

실제로 우리 사회에서 일어나는 파업은 임금 인상이나 노동조건 개선 등 어떠한 목적이 있다. 노동조합도 회사를 무너뜨리려고 파업을 감행하지는 않는다.

이처럼 당신의 마음속 깊은 곳의 목소리도 당신을 망치겠다고 생각하진 않을 것이다. 당신을 위해서 저항하는 것일 뿐이다.

그 해결 방법은 '대화'가 최선이다.

진지하게 마주 보고 대화하면 뒤틀린 상태를 바로잡을 수 있다.

우선 마음속 깊은 곳에서 무엇을 요구하는지 자신에게 물어보라.

조용히 눈을 감고 하나씩 질문을 던져보자.

'회사에 가기 싫다'는 생각이 든다면 왜 그런 걸까, 어떻게 하면 회사에 가고 싶어질까 등을 모두 물어본다.

스스로 할 수 있는 일은 하고, 혼자 하기 어려운 일은 다른 해결책을 찾아보자.

어쨌든 자신의 마음과 대화 테이블에 마주 앉는 것이 중요하다. 마음속 깊은 곳의 생각이나 요구 사항을 듣지 않고 그 저항(파업)을 해결할 수는 없다.

자기 마음의 소리를 들으면 사고와 행동이 뒤틀어진 원인을 알 수 있다. 이제부터는 그것을 해결하면 된다.

'시간이 있으면 해결된다'고 생각한다

'좀 더 시간이 있다면…….'

'하루가 28시간이면 좋겠어.'

당신도 이런 생각을 한 적이 있을 것이다. 행동하지 못하는 사람은 '시간이 더 있으면 어떻게든 될 텐데'라고 생각한다. 그러나 시간이 있어도 결국 마감이 가까워지면 똑같은 생각을 하게 된다.

왜냐하면 행동하지 못하는 사람은 '남은 시간'과 '업무에 필요한 시간'을 제대로 파악하지 못하기 때문이다.

인생에 주어진 시간은 한계가 있다. 일이나 프로젝트라

는 단위도 마찬가지다. 시작이 있으면 끝이 있다. 무슨 일이든 마지막이 있다.

'시간이 없어서 못했다'는 것은 변명이 될 수 없다. 정해진 시간 안에 최고의 결과를 이끌어내야 한다.

'좀 더 시간이 있다면'이라는 생각을 하는 마음도 이해가 된다. 그러나 이는 생떼를 쓰는 것과 다름없다.

행동하지 못하는 사람에게 시간이 더 주어져도 그 결과는 똑같다.

그러면 어떻게 해야 할까?

우선 사고를 바꾸는 일부터 시작하자.

시간이 부족하다고 생각하는 사람의 사고는 '시간이 이것밖에 없다'에서 '해결책이 없다'로 끝나버린다. 이런 사람은 다음과 같이 생각하라.

'시간은 유한하다. 하지만 해결책은 무한하다.'

막연하게 긍정적으로 생각하자는 말이 아니다.

정말로 해결책은 무한하다. 무엇인가를 하려고 할 때, 그 방법이 단 하나일 리는 없다.

방법에 따라 시간이 두 배로 들 수도 있지만 오히려 시간이 남는 경우도 있다.

많은 시간이나 노력을 필요로 하는 해결책이 있는가 하면, 간단하고 곧바로 실행할 수 있는 해결책도 있다. 시간은 한정되어 있으므로 더욱 효과적인 해결책을 찾아 실행해야 한다.

이때 주의할 점은 너무 곧바로 행동하지 않아야 한다는 것이다.

생각나는 대로 행동하는 것이 늘 나쁘지는 않지만 시간이 부족하다는 조급한 마음에 떠오른 해결책을 바로 실행하면 실패할 확률이 높다.

행동하기 전에 10초 정도의 시간을 들여 다른 해결책이 있는지 살펴보자. 그래서 문제 해결을 위한 더 많은 아이디어가 떠오르면 무턱대고 실행하지 말고 어떤 아이디어를 사용할지 다시 한 번 생각해보자.

해결책은 결코 한 가지가 아니다. 등산로도 여러 갈래가 있듯 문제를 해결하는 방법도 다양하게 마련이니. 모든 것은 생각하기 나름이다. 생각의 관점을 좀 더 달리해 다양한 해결책을 찾아보자. 분명히 더 나은 해결책을 찾을 수 있다.

자기 혼자 힘으로 해결하려 한다

시간을 몇 배로 활용하려면 '나 혼자 열심히 하면 된다'는 발상을 버려야 한다. 행동하지 못하게 되는 원인 중에는 '시간은 걸리겠지만 어떻게든 내 힘으로 해보자'라는 경우가 많다.

혼자만의 힘으로 해결하지 않으면 안 된다.

↓

하지만 어떻게 해야 할지 모르겠다.

↓

일단 이 문제는 미뤄두자.

이렇게 되면 귀찮아져서 행동하지 못하는 사람이 되어버린다. 그러면 안 된다. 이러한 사고방식으로는 어떠한 결과도 만들어낼 수 없다.

중요한 점은 '자신 이외의 힘'을 사용하는 것이다. 즉 '다른 힘'을 사용해 문제를 해결할 수 있다.

다음과 같은 여섯 가지의 '다른 힘'이 있다는 사실을 명심하라.

① 사람

② 사물

③ 자본

④ 지식과 정보

⑤ 스킬과 노하우

⑥ 기타

자신의 힘으로 해결할 수 없는 상황이 되면 우선 이 여섯 가지의 '다른 힘'을 사용할 수 있는지 생각해보자. 어떠한

힘인지 하나씩 살펴보자.

① 사람

자신이 할 수 없는 일이 있다면 그 일을 할 수 있는 주변 사람의 힘을 빌려라.

- 외국 바이어를 만나야 하는데 영어로 대화하지 못한다.
  → 영어 회화를 잘하는 사람의 도움을 받는다.
- 인맥을 활용하고 싶은데 알고 지내는 사람이 없다.
  → 인맥이 있는 사람에게 소개를 받는다.
- 법률 지식이 없어서 문제를 해결할 수 없다.
  → 회사의 법무 담당이나 변호사와 상담한다.

대부분의 문제는 사람의 힘으로 해결할 수 있다. 사람이야말로 궁극의 힘이다.

② 사물

사물은 주변의 모든 물건이나 도구를 일컫는다.

자신의 힘만으로 해결하기 어렵거나 시간이 걸리는 문제

는 주변의 사물을 이용하면 훨씬 더 쉽게 해결할 수 있는 경우가 의외로 많다. 구덩이 파는 작업을 한다면 열 명이 삽을 들고 땅을 파는 것보다 굴삭기를 사용하는 것이 훨씬 더 간단하고 빠르다.

- 업무 속도가 느리고 계산 처리를 잘 못한다.
  → 새로운 컴퓨터와 전용 소프트웨어를 구입한다.
- 지도를 읽지 못한다.
  → 지도 애플리케이션을 활용한다.
- 쾌적한 수면을 취하고 싶다.
  → 편안한 침구를 찾아본다.

항상 '뭔가 해결해줄 물건이 없을까?'를 생각하는 습관을 들이자.

③ 자본

현대는 화폐 중심의 경제 시대다. 무엇으로든 모습을 바꿔줄 수 있는 것이 돈이고, 시간과 노력도 돈으로 어느 정도 해결할 수 있다.

이러한 돈이 없는 경우, 돈을 내줄 수 있는 사람을 찾아봐도 좋다. 은행에서 빌려도 되고 투자해서 자금을 늘릴 수도 있다. 최근 유행하는 클라우드 펀딩(네트워크로 자금을 모으는 방법)도 있다.

④ 지식과 정보

현대는 지식과 정보가 가치를 창출하고, 가치가 돈을 만들어내는 세상이다. 책이나 잡지, 사전이나 백과사전, 인터넷, 도서관, 관공서 등을 통해 다양한 정보를 접할 수 있다. 모든 정보는 어떻게 활용하느냐에 따라 당신의 힘이 된다.

⑤ 스킬과 노하우

앞으로 하려고 하는 일에 필요한 스킬이나 노하우가 있는지 생각해보자. 스킬이 필요하다면 배우면 되고, 그럴 시간이 없다면 스킬이나 노하우를 가진 사람에게 맡기면 된다.

⑥ 기타

마지막으로, 앞서 말한 ①~⑤ 이외의 모든 것이다.

일상생활에 충실하거나 기분 전환을 할 수 있는 취미, 파티나 술자리, 쇼핑, TV, 영화, 연극, 노래방, 음악 감상, 명상, 좌선, 아웃도어, 스포츠, 예능 등 간접적으로 당신의 능력을 끌어낼 수 있는 것이라면 무엇이든 여기에 포함된다.

이러한 여섯 가지의 '다른 힘'을 항상 염두에 두면 행동하지 못하는 일은 없어진다. 어딘가에서는 분명히 해결의 실마리를 찾아낼 수 있을 것이다.

여섯 가지의 '다른 힘'을 사용하라!

① 주변 '사람'에게 부탁하라

다른 사람의 도움을 받거나 부하직원을 이용한다.

② '사물'을 이용하라

도구를 이용하거나 컴퓨터 소프트웨어를 활용한다.

③ '자본'을 이용하라

돈으로 해결할 수 있는 일은 돈을 이용한다.

④ '지식과 정보'를 이용하라

정보를 제대로 수집하여 시간이나 행동을 바꾼다.

⑤ '스킬과 노하우'를 이용하라

스킬이나 노하우를 배운다.
배울 시간이 없다면 사람(①)의 힘을 빌린다.

⑥ '기타' 사용할 수 있는 것을 모두 생각하라

①~⑤ 이외의 방법을 다양하게 활용한다.

불안감을
떨쳐버리지 못한다

행동하지 못하게 되는 원인 중 하나는 '불안'이다. 무엇을 해도 성과가 올라가지 않거나 실패가 계속 이어지면 실행하는 데 불안감을 느끼게 된다.

이러한 상황에 직면하면 사고도 행동도 정지되는 이른바 '사고 정지' 상태가 된다.

행동하지 못하는 사람은 대부분 불안의 패턴에 빠져 있다. 우선 그 상황을 깨달아야 한다.

사고와 행동은 세 가지 불안에 의해 정지된다.

① 과거에 사로잡혀 빠져든 불안

이전에 실패한 경험에 사로잡혀 움직이지 못하게 되는 상태다.

'해봤는데 잘 안 됐어.'

'거래처에서 엄청난 항의를 받았어.'

이렇게 실패했던 경험을 떠올리게 된다.

잘되지 않았던 기억이 마음을 지배하기 때문에 무슨 일을 하려고 해도 지난날이 되살아나 잘될 것이라는 이미지를 떠올리지 못한다. 그래서 시도해보기도 전에 미리 판단하고 이번에도 어차피 잘 안 될 것이라는 결론을 내리게 된다.

잘되지 않을 거라고 생각하면서 행동할 수 있는 사람은 없다. 뇌가 '잘될 리 없다'는 신호를 지속적으로 보내기 때문이다.

② 미래에 사로잡혀 빠져든 불안

앞으로도 반드시 잘되지 않을 것이라고 생각하는 상태다. 그러면서 나쁜 결과를 이것저것 상상하게 된다.

과거의 성공한 경험에 너무 집착하는 사람도 실패에 대

해 과도한 불안감을 갖게 되는데, 이 또한 확실치 않은 미래에 사로잡혀 있기 때문이다.

'클레임이 들어오면 어떡하지?'

'납기일을 못 맞추면 어쩌지?'

'스케줄이 늦어지면 큰일인데.'

덮어놓고 나쁜 쪽, 나쁜 방향으로 상상하게 되고 결국 아무것도 할 수 없게 된다. 이른바 네거티브 사고에 빠져든다.

미래는 '아직 오지 않은 상태'다. 미리 앞당겨 걱정할 필요가 없다. 나쁜 상상을 했다면 대책을 마련하는 행동으로 연결함으로써 '불안'을 해소할 수 있다. 상상만 하고 행동하지 않으면 '사고 정지' 상태만 계속될 뿐이다.

③ 현재에 사로잡혀 빠져든 불안

현재 진행되고 있는 일의 '일부분'에 사로잡혀 그것이 마치 전부인 양 느끼는 상태다.

여기서 말하는 '일부분'은 다음과 같은 것들이다.

- 자신이 못했거나 잘되지 않는 점
- 실패나 실수, 원하지 않은 현재의 결과

• 자신 안의 부정적인 기분

눈앞의 결과는 과거의 행동에 따른 결과다. 결과에 사로잡혀 불안해지면 미래를 여는 한 걸음을 내딛지 못한다.

당신이 행동하지 못한다면, 분명 이 세 가지 불안 중 하나 이상에 사로잡혀 있을 것이다. 자신이 어떤 패턴의 불안에 빠져 있는지 생각해보자. 그리고 불안한 상태에서 벗어나 앞으로 나아갈 방법을 찾아보자.

사고를 정지시키는 세 가지 불안

과거의 불안

미래에 대한 불안

현재의 불안

이 세 가지 불안이 당신의 사고를 정지시킨다!

자신감을 잃어버린 상태로 살아간다

인간은 본디 활기차다. 활기란 인간이 지닌 활력이며, '자신의 미래=가능성'을 믿고 행동하려는 에너지다. 활기는 자신감이 있으면 넘쳐흐르고, 자신감을 잃으면 나오지 않는 성질을 갖고 있다.

젖이 먹고 싶어서 우는 아기는 활기 그 자체다.

'나는 정말 젖이 먹고 싶은 걸까?'라고 스스로에게 묻는 아기는 없다. 원하는 것에 어떠한 의심도 없다. 활기가 넘쳐흐르고 자신감에 차 있다.

시간이 지나면서 성장하고 많은 일을 접하다 보면 누구

나 성공과 실패를 경험한다. 쓰디쓴 경험이나 아픈 체험을 했을 때, '이런 경우도 있지' 하며 가볍게 넘겨라. 그리고 다시 도전하라. 성공과 실패는 모두 당신이 성장하고 발전하는 데 필요한 자양분이 된다. 성공과 실패를 거듭하다 보면 활기를 유지할 수 있을 뿐만 아니라 자신감도 커진다.

단 한 번의 실패나 충격적일 정도로 아픈 경험을 했다면 이렇게 생각할 것이다.

'그런 행동만 하지 않았다면 이런 일은 당하지 않았을 텐데.'

마음속 깊이 '행동=위험'으로 인식하는 것이 문제다.

이렇게 되면 활기의 입구에 뚜껑을 닫아걸어 행동하지 못하기 때문이다.

만약 활기를 되살리지 못할 뿐만 아니라 행동조차 하지 않고 가만히 있다면 결코 실패를 만회할 수 없다. 그렇게 되면 실패는 습관처럼 마음속에 자리하게 된다.

'나는 반드시 실패한다. 왜냐하면 일전일패, 즉 100퍼센트 실패했기 때문이다.'

이러한 생각이 고정되면 성공하기 어려워진다. 여러 번 도전해야 정확한 승률을 알 수 있다. 그러지 않으면 실패한 경험만 마음속에 고정된다.

그럴 때 당신은 어느새 '실패 신봉자'가 되고 결국 자신감을 잃어버린다.

자신감이 없으면 자신의 미래에 대해 적극적으로 행동하지 못하게 된다. 여기서부터 패배의 악순환이 가속화되고 행동하지 못하는 사람이 된다.

자신감을 잃어버린 상태를 방치하면 실패가 두려워 무슨 일을 하든 자신의 행동을 제한하게 되어 점점 살아가기가 힘들어진다.

무리하게 행동하거나 위험을 회피한다

미래의 또 다른 이름은 '가능성'이다.

가능성은 어떤 일이라도 일어날 수 있다는 의미다. 중립적인 말이지만, 미래를 '위기에 빠질 가능성'이라 생각하면 '위험성'이라고 바꿔 말할 수 있다.

이른바 '리스크'다. 주식이 오를지 내릴지에 대해 어느 정도의 진폭이 있는가를 '리스크'라 부르는 것도 한 예다. '가격 변동 가능성=주가 상승 가능성=주가 하락 위험성'이라는 것이다.

중요한 것은, **리스크(변동 가능성)가 없는 것은 없다는** 사실이다.

그렇다면 리스크는 어떻게 판단해야 할까?

인간은 과거의 실적이나 미래의 예상 등을 보고 종합적으로 판단하여 행동한다. 데이터의 내용이 어떠하든 인간은 그에 기반해 판단하려 한다.

리스크를 감지하는 것 역시 인간의 기분이나 의식 상태에 따라 좌우된다.

낙관적인 기분일 때는 잘될 가능성은 크게, 나빠질 가능성은 작게 느껴진다. 반대로 비관적인 기분일 때는 잘될 가능성은 작게, 나빠질 가능성은 크게 느껴진다.

비관적인 기분이나 불안감에 휩싸일 때는 악화될 가능성이 높을 것으로 예상하기 때문에 앞으로 닥칠 위험에 대비해 과도한 대책을 준비하게 된다.

그 예로 다음과 같은 것들을 들 수 있다.

- 현재 생활이 어려운데 너무 많이 저축하려 한다.
- 생활비를 압박할 정도로 생명보험에 가입한다.
- 배신을 당할까봐 항상 본심을 드러내지 않는다.
- 언제 차여도 괜찮도록 여러 명과 사귄다.

항상 기분이 가라앉고 비관적이라면 과도한 위험 대책을 마련하게 된다. 그것은 곧 행동하지 않기 때문이다.

마치 살이 너무 쪄서 고민하면서도 적당한 운동과 식사, 규칙적인 생활을 싫어하는 사람이 건강이나 미용을 위해 많은 약을 먹는 것과 같다.

리스크를 의식하기만 하고 행동하지 않는다면 불안은 점점 커진다.

'실패는 반복된다'고 오해한다

'두 번 일어난 일은 세 번도 일어난다.'

이런 말이 있는데, 자칫 오해하는 사람이 많은 듯하다.

이런 사람들은 '두 번 실패하면 반드시 그다음에 또 실패한다. 두 번이나 실패했다면 계속 실패할 것이다'라고 생각한다.

사실 '두 번 일어난 일은 세 번도 일어난다'는 말은 다음과 같은 의미다.

두 번이나 일어난 일은 또다시 일어날 가능성이 있으므로 충분히 대비하라.

이것은 경계의 말이다. 우리는 실패하여 아픈 기억을 갖고 있지만 한 번 실패했다고 반드시 또 실패한다는 법은 없다.

강연을 들은 사람이 힘을 얻는다는 것으로 유명한 후쿠시마 마사노부(福島正伸, 엔터프리티터센터 대표이사)는 강연 중에 이렇게 말했다.

"인생에는 성공과 실패가 있는 것이 아니라 성공과 성장이 있을 뿐이다."

실패는 경험에 대한 하나의 견해에 불과하다. 다른 사람에게 실패로 보여도 당신이 그 경험에서 무엇인가를 배우고 다음 도전과 연결시킨다면 크게 성장한 것이다.

인생에 실패란 없다.

인생에는 성공과 성장이 있을 뿐이다.

실패했다는 생각에 이리저리 휘둘리지 말고 긍정적으로 받아들여 되돌아보고, 다음에는 실패하지 않도록 대책을 세워두면 불안 따위는 사라진다.

'아직 시간이 있다'고 생각한다

당연한 말이지만, 낙관적인 사고는 비관적인 것보다 낫다. '시간이 없다'고 불평하는 것보다 '아직 시간이 있으니까 괜찮다'라고 생각하는 편이 몸과 정신 건강에도 도움이 된다.

단, 여기에는 함정이 있다. 언뜻 낙관적으로 보여도 실은 '단순히 행동을 미룰 뿐'인 경우가 많기 때문이다.

당신은 '기한까지 아직 시간이 있으니까'라며 미루고 있지는 않은가?

'아직 괜찮아. 귀찮다. 아직 뭘 해야 할지 모르겠어.'

마음속 깊은 곳에서 이런 말이 들려온다면 주의해야 한다. 무시하지 말고 그 기분에 맞서보자.

미루는 사람은 일 전체를 파악하지 못한다는 특징이 있다.

언제까지 해야 한다는 기한은 알고 있지만 무엇을 어떻게 진행해나가야 할지 이미지화하지 못하기 때문이다. '아직 시간이 있으니까'라는 막연한 생각만으로 사고와 행동은 정지 상태가 된다.

또한 시간과 질質의 관계를 이해하지 못한다. 어떤 업무를 완수하는 데 단기적으로 준비하는 것과 시간을 들여 준비하는 것은 질적인 면에서 큰 차이를 가져온다.

미룬다는 것은 기한에 맞추지 못할 위험성이 높아짐을 의미하는 동시에 기한을 지켰다 해도 질이 낮을 위험성도 내포하고 있음을 알아야 한다.

이러한 어리석은 행동을 그만두려면 어떻게 해야 할까?

우선, 미루는 습관이 있는 사람은 마감 시한만 정하지 말고 시작하는 시점도 함께 정하라. 그러면 마감일이 임박하기 전에 시작할 수 있고, 일의 진척 정도는 물론 전체적인 상황을 파악할 수 있다.

‘쉬운 일이니까 미뤄도 괜찮아.’

이렇게 생각하는 사람이 있을지도 모르지만, 쉽게 할 수 있는 일이라면 당장 시작하는 게 좋다.

실제로 미루는 일들 중 대부분은 손대면 바로 끝낼 수 있다. 빨리 끝내버리면 이후의 시간은 과제에서 해방된다.

다음 과제에 곧바로 착수할 수도 있다.

빨리 시작하면 처리할 수 있는데 미루는 습관 때문에 마감이 임박해서 시작한다면 시간이 부족해 처리할 수 없게 된다.

나중에 후회해봤자 소용없다. 시작하는 데 너무 빠른 경우는 없다. 마감일과 함께 시작하는 시점을 정해두자.

Chapter

2

10초 안에 행동하는 사람의
사고법과 행동양식

Learn
[배우다]

이제는 **즉시 행동하는 사람의 사고법**을 내 것으로 만들어야 한다.
거침없이 행동으로 옮기는 사람들에게는 공통점이 있다.
즉시 행동하는 사람들은 어떤 사고 유형을 가지고 있을까?

'즉시 행동하면 편하다'는 사실을 알고 있다

행동력이 있는 사람은 '즉시 행동하면 다음이 편하다'는 사실을 알고 있다.

행동을 시작하면 그 뒤는 어떻게든 된다는 경험을 여러 번 했기 때문이다.

행동력은 눈사람 만들기와 닮았다.

눈사람을 만들려면 먼저 주먹만 하게 눈을 뭉친다. 그 뭉치를 눈밭에 굴리다 보면 순식간에 한 아름이나 되는 덩어리로 커진다.

행동력도 똑같다. 커다란 눈덩이를 만들려면 언뜻 보기

에 힘들게 여겨질지 모른다. 결과만 보기 때문이다. 하지만 방법을 알면 결코 어렵지 않다는 것을 알 수 있다. 작은 눈뭉치로 시작하면 된다. 처음에는 작은 뭉치에 불과하지만 조금씩 굴리다 보면 점점 커진다.

지금 당신은 모국어를 힘들지 않게 사용한다. 듣기는 물론 말하는 데도 전혀 어려움이 없으며 난해한 소설이나 인터넷 뉴스도 읽을 수 있다.

그런데 당신이 초등학생일 때도 지금 정도의 단어를 알고 있었을까?

한자는 얼마나 알고 있었을까?

배우고 공부하지 않았다면 현재의 당신은 없었을 것이다.

과거에는 모르는 상태였지만 조금씩 학습하면서 지금의 당신이 되었다.

'행동하면 그 뒤는 어떻게든 되는' 것은 실행함으로써 자신과 자신을 둘러싼 환경이 변화하고 성장하기 때문이다.

곤란한 상황에 빠져도 행동하면 조금씩 그 상황이 개선된다.

행동하지 않으면 자신은 변화하지 못하고 환경만 변해

곤란한 정도가 덜해지기는커녕 더욱 악화된다. 이전보다 복잡하게 꼬여버릴지도 모른다. 환경에 매몰되기보다는 환경을 주도해야 한다.

한 발짝 움직여서 자신과 환경 모두를 변화시키는 편이 문제를 해결하는 쉬운 방법일 수 있다.

'미래상'을 그리고 행동한다

머리 회전이 빠르고 업무를 착착 처리하여 남보다 몇 배 더 성과를 올리는 사람이 있다.

그들의 특징은 행동량이 많은데도 쓸데없는 행동을 하지 않는다는 것이다. 처음 맡은 업무라도 반드시 핵심 포인트를 파악하고 행동한다. 어떻게 그럴 수 있을까?

유능한 사람은 항상 머릿속에 '미래상'을 그린다.

실제로 그림을 그리거나 지도에 정리하는 사람도 있고 머릿속에 상상하는 사람, 글로 구체화시키는 사람도 있다. 방식은 조금씩 다르지만 '미래상'이라 할 수 있는 것을 갖고 일한다.

미래상에는 반드시 현재 위치, 일정, 목적지가 포함된다.

미래상의 여백에는 다른 길로 가는 정보도 적는다. 가려던 길이 차단되는 경우, 어느 길로 갈 수 있는지 검토해야 하기 때문이다.

목적지에 도착한 뒤에도 생각할 수 있도록 목적지 너머의 땅까지 그려놓은 것이 미래상이다.

흔히 '목표를 정하는 것이 중요하다'고 말하지만, 목표만 정한다고 가야 하는 길을 알 수 있는 건 아니다. **목표로 향하는 길을 그린 '미래상'이야말로 가장 중요하다.**

코칭 세션에서 실제로 있었던 예를 들어보겠다.

싱어송라이터인 스와 준코 씨는 '1,000명 규모의 라이브 공연을 성공적으로 진행하고 싶다', '세계인에게 사랑 노래를 전하고 싶다'는 목표가 있었다. 목표를 향해 계획대로 착실히 실천했지만 의욕이 생기지 않아 고민에 빠졌다고 한다.

이야기를 들어보니 코앞에 닥친 구체적인 행동만 하고 미래의 일정을 세우지 않아 의욕을 잃었다는 사실을 알게 되었다. 목표까지의 프로세스를 파악하지 못한 것이다.

그래서 향후 6개월간의 미래상을 명확하게 그리는 세션을 실행했다.

장방형 회의실의 한가운데에 일직선을 긋고 시간의 축으로 정했다. 중심이 현재, 앞쪽 끝이 미래, 그리고 뒤쪽 끝이 과거였다.

과거에서 현재까지 직선 위를 걸으며 지금까지의 6개월을 되돌아보게 한 다음 이렇게 물었다.

"지금까지 6개월은 어땠나요?"

"지난 6개월 동안 많은 일을 했어요. 수많은 관객을 만났고, 비즈니스 관계자도 자주 만났지요."

그런 다음에는 앞으로의 '가슴 벅찬 미래상'을 그리기 위해 현재에서 미래를 향해 딱 6개월이라고 생각되는 지점까지 걸어가보라고 했다. 그러면서 무슨 일이 일어날지, 또는 일어나기를 바라는지 떠오르는 대로 말해보라고 했다.

"6개월 뒤 1,000명 이상의 관객 앞에서 노래할 거예요."

"그 일이 실현되면 어떤 기분이 들까요?"

"성취감을 느끼겠지요!"

그녀는 눈을 반짝이며 대답했다. 그리고 크건 작건 상관없이 목표에 닿을 프로세스를 일정표로 만들었다. 목표와 프로세스, 나아가 다양한 가능성을 포함해 전체적으로 조감한 '미래상'이 완성되었다. 그 결과, 그녀는 의욕을 되찾았고 일을 다시 시작할 수 있었다.

이 세션을 실행하고 6개월 뒤, 그녀는 미얀마 최대 도시인 양곤Yangon에서 관객 5만 명을 앞에 두고 자신이 작곡한 노래와 미얀마 전통 민요를 불렀다. 관객 1,000명을 훌쩍 넘은 '가슴 벅찬 미래상'을 실현한 것이다.

목표를 달성하는 '미래상'이 있다면 목적지에 빨리 도착할 수 있다. 게다가 예상을 뛰어넘는 속도로 도착할 수 있다.

머릿속에 '미래상'을 그리면 행동할 수 있다

10초 안에 행동하는 사람은…

전체적인 미래상을 그린다

⬇

보이지 않는 부분을 볼 수 있도록 만드는 것이 중요하다

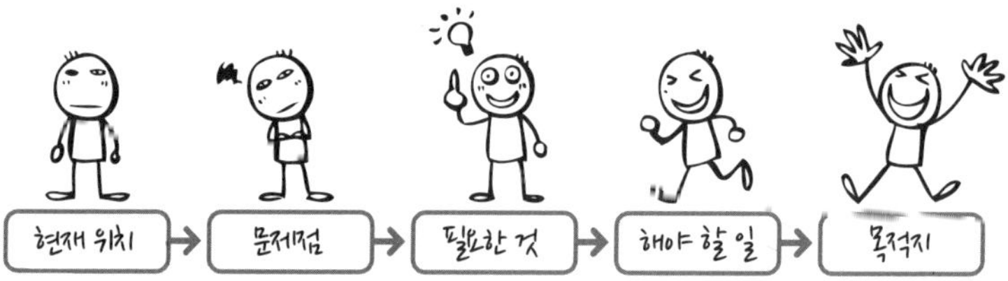

'보이도록 하는 것'이 행동력을 결정한다!

생각은 하지만 고민하지 않는다

10초 안에 행동하는 사람은 깊이 고민하지 않는다. 그와 달리 행동하지 못하는 사람은 대부분 '금세 고민에 빠지는' 특징이 있다.

'앞으로 이 일을 계속해야 할지 고민하고 있습니다.'

매우 평범한 일상적인 대화에서 '고민하고 있다'고 자주 말하는 사람은 특히 주의해야 한다.

파스칼은 '인간은 생각하는 갈대'라고 했다. '생각하는 갈대'이지 '고민하는 갈대'가 아니라는 점이 중요하다.

'생각하다'와 '고민하다'는 닮은 말이지만 그 의미가 전혀 다르다.

'생각하다'는 논리적 사고법으로 어떠한 문제를 해결하기 위해 머리를 쓰는 것이다.

한편 '고민하다'는 행동과 연결되지 않는 생각이 대부분이다. 고민하는 사람은 해결책을 찾으려 하면서도 결론을 내지 못하고 행동으로도 연결하지 못한다. 그러면서 '생각하고 있다'고 착각한다.

고민하고 싶은 사람은 다음과 같이 하면 고민할 수 있다.

① 부정적인 기분에 빠진다.

② 결론을 내지 않고 맴돈다.

③ 못하는 이유를 찾는다.

④ 다른 사람의 조언을 듣지만 활용하지는 않는다.

⑤ 결론을 내더라도 행동하지 않는다.

이것만 하면 완벽하게 '고민'할 수 있다.

반대로, 다음에 나오는 다섯 가지를 하면 '고민'에서 탈출할 수 있다.

① 긍정적인 기분에 빠진다.

② 가정이라도 상관없으니 결론은 낸다.

③ 어떻게 하면 할 수 있을까 생각한다.

④ 다른 사람의 조언을 스스로 취사선택한다.

⑤ 결론이 나면 즉시 행동한다.

이 다섯 가지의 프로세스를 거치는 것이 '생각하다'이다.

생각해서 결론이 나왔다면 행동하기만 하면 되지만, 오랫동안 고민하는 사람은 행동을 미루고 계속 갈등한다.

이런 사람은 고민하기를 좋아한다. 일단 여러 사람과 이야기를 하고 되돌아온 의견을 또 다른 사람에게 털어놓으면서 '그 사람은 이렇게 말하던데 어떻게 생각해?'라며 고민을 반복한다.

점을 즐겨 보는 사람은 여러 명의 점쟁이를 찾아가거나 점괘를 여러 번 뽑는다. 만일 그러한 사이클에 빠져 있다면 자신의 모습을 객관적으로 바라보라. 그러면 무엇이 잘못되었는지 깨닫게 될 것이다.

고민만 하는 자신을 바꾸고 싶다면 '생각하기의 다섯 가지 프로세스'를 제대로 실천하라.

‘실패’를 생각하지 않는다

‘실패하기 위해 온 힘을 기울이고 있습니다!’라며 가슴을 펴고 말하는 사람은 없다. 실패할 수는 있지만 실패를 목표로 정해놓고 행동하는 사람도 없다.

무슨 그런 당연한 말을 하냐고 할지 모르지만, 실패만 생각하는 사람이 많은 것도 사실이기 때문이다.

인간은 의식이 향하는 방향으로 나아가려는 성질이 있다.

길을 걷다가 앞에서 걸어오는 사람을 피하려고 상대방의 움직임을 살피다가 오히려 부딪힐 뻔한 경험은 누구에게나 있을 것이다. 이는 의식하는 쪽으로 가까워지기 때문이다.

성공에 대해 계속 생각하면 성공에 가까워진다.

행동하며 항상 결과를 내는 사람은 이 법칙을 무의식적으로 이해하고 있다. 실패를 생각하지 않고 성공만 생각하기 때문에 결과를 낼 수 있는 것이다.

당신도 이 법칙을 사용해보라.

'성공하기 위해 행동한다'는 점을 철저히 인식하자. 기분이 가장 즐거울 때, 성공한 장면을 떠올려보자. 그 성공을 이루기 위해 어떤 방법으로 행동할지 검토한다.

성공하기 위한 방법은 다양하고 무한하다. 그렇다면 그중에서 최고는 무엇일까? 더 좋은 방법은 없을까? 더욱 효과적인 방법은 없을까? 이렇게 생각하며 아이디어를 계속 떠올려보라.

어떻게 하면 성공할 수 있을까? '어떻게How'를 끊임없이 생각하는 것이다.

그러면 '실패' 따위를 생각할 여유는 사라진다. 긍정적으로 생각한다는 것은 낙관적인 기분으로 어떻게 하면 앞으로 나아갈 수 있을까를 끊임없이 생각하는 것이다.

그래도 느닷없이 '실패'라는 두 글자가 머릿속에 떠올라

불안해질지도 모른다. 이는 당신의 마음속 센서가 무엇인가를 감지했다는 증거다. 어떻게 하면 '실패'하지 않을까, 아이디어를 떠올려보자.

'실패'로 추락하는 길이 보였다면 그 길을 어떻게 피할 수 있을지 생각하라.

이때도 어떻게 하면 성공할까를 생각하고 방책이 보이면 즉시 실행한다. 여기에서 중요한 것은, 실패에 대해 생각하지 않는 것이 아니다. 실패하지 않는 방법에 대해 지속적으로, 의식적으로 생각하는 것이다.

에디슨은 전구의 소재인 필라멘트를 발견하기까지 무수한 실패를 거듭했다. 그러면서 그는 '전구에 적당하지 않은 소재를 무수하게 발견한 것이다'라고 생각하며 한층 더 분발했다.

그래서 필라멘트를 발견할 때까지 계속 연구할 수 있었다.

우리의 인생도 마찬가지다. 실패했다고 좌절하지 말고 성공할 때까지 끊임없이 행동하는 용기가 필요하다. 끊임없는 도전만이 성공에 이르는 지름길이다.

‘불안’은
즉시 해결한다

사람은 누구나 불안하다고 느껴지면 가능한 한 빨리 그 불안감을 떨쳐버리고 싶어 한다.

10초 안에 행동하는 사람은 불안한 마음을 미루지 않고 즉시 해결하기 위해 노력한다.

‘수주하지 못하면 어쩌지?’

‘제안이 받아들여지지 않으면 어떡하지?’

그렇게 걱정이 된다면 ‘비참한 결과를 맞이하게 되었을 때 실제로 어떻게 될 것인가’를 한번 깊이 생각해보자. 시뮬레이션을 해보는 것이다.

먼저, **'최악의 상황 전개'**를 상상해보자.

수주하지 못하면 어떻게 될 것인가. 지금까지 제안하느라 애썼던 시간이 헛수고가 될지 모른다. 상사도 실망할 것이다. 목표를 달성하기 어려워질 것이고 대안을 마련하지 않으면 안 된다. 게다가 목표를 달성하지 못한 채 끝나버리면 어떻게 될 것인가. 성과에도 영향을 미쳐 인센티브가 줄어들 것이다. 뿐만 아니라 승진하기도 힘들어질 것이다.

이처럼 점점 나쁜 방향으로 진행될 경우 어떤 결과를 맞이하게 될지 예측해보자.

충분히 예측하다 보면 '그렇다고는 해도 그렇게 나쁜 일만 계속되지는 않겠지'라는 생각이 들 것이다.

그렇다면 소리 내어 기지개를 켜고 기분을 바꿔보자.

이번에는 **'최상의 상황 전개'**를 상상해보자.

수주를 따냈을 경우, 엄청나게 좋은 일만 일어난다면 어떤 결과를 맞이하게 될지 상상해보자. 수주를 따내고, 납기일을 맞추고, 게다가 추가 주문까지 받는다. 신규 프로젝트도 담당하게 되고 성과도 좋아 인센티브 금액이 크게 올라간다. 이러한 결과는 승진 또는 승격과 연결되어 순풍에 돛을 단 격이다.

이것 또한 충분히 상상하고 음미하다 보면 '그렇다고는 해도 그렇게 좋은 일만 생기지는 않겠지'라는 생각이 들 것이다.

그렇다면 또 기지개를 켜고 기분을 바꿔보자.

마지막으로, **'대안'**을 상상해보자.

현실적으로 어떻게 될 가능성이 높은가, 무엇이 전환점이 될 것인가, 만일 최초의 전환점에서 수주하지 못할 경우 어떤 대안이 있을까 등 두 번째, 세 번째를 포함해 시뮬레이션을 해본다.

여기까지 시뮬레이션을 해보면 앞으로 할 수 있는 일을 구체적으로 검토하게 된다.

수주하지 못하면 어쩌나 하고 막연히 불안해하고 있기보다는 좀 더 확실하게 수주하기 위해 지금 할 수 있는 일이 무엇인가, 수주에 실패한다면 무엇을 해야 하는가를 생각하고 차선책 혹은 사후 대책을 실행한다면 불안은 해소된다.

시뮬레이션 하나하나에 '기분을 바꾼다'는 점이 포인트다. 비관적인 상황 전개를 충분히 상상한다. 기분을 바꾼다. 그리고 낙관적인 상황 전개를 충분히 상상한다.

이처럼 매번 기분을 바꿔 시뮬레이션을 한다. 기분을 바꾸기 위해 큰 소리를 내며 기지개를 켜거나 일어나서 조금 걸어보기도 한다.

생각만 하고 행동하지 않으면 불안해진다.

행동함으로써 자신과 환경을 바꾸면 이미 불안해진 상황이 바뀌어 있다는 사실을 발견할 것이다. 새로운 자신과 환경에서 새로운 과제가 나타났기 때문에 이전의 불안은 해소된다. 새로운 과제에 대해 행동하다 보면 불안에 빠져 고민할 일은 없다.

불안을 해결하는 최선의 방법은 고민하지 않고 행동하는 것이다.

모든 업무를
즉시 처리한다

10초 안에 행동하는 사람은 '행동이 늦어지면 불안이 커진다'는 점을 알고 있다.

한 가지 일을 끝냈다고 모든 것이 끝난 건 아니다. 업무 중에 또다시 새로운 일이 생긴다.

항상 다음 업무가 주어지기 전에 처리한다면, 업무가 완료될 때까지 어떠한 문제도 일어나지 않는다. 또한 새로운 업무가 주어져도 힘들지 않다. 그와 달리 업무를 끝내는 속도가 늦어지면 다음, 그다음에 해야 할 업무가 점점 누적된다. 결국에는 처리하지 못할 만큼 산더미처럼 쌓여버린다.

비즈니스 세계에서는 행동의 속도에 성패가 달려 있다. 적절한 시기에 착수하여 납기일을 지키지 않으면 업무는 계속 쌓이기만 할 뿐이다.

이렇게 말하는 나의 경우 책을 좋아해서 서점에 가면 손 닿는 대로 구매하는 버릇이 있다. 그러면서 독서 속도는 그리 빠르지 않아 끝까지 읽지 못한 책이 엄청나게 빨리 쌓여간다.

업무도 이와 마찬가지다. 사다 놓은 책을 쭉쭉 읽고 치우지 않으면 결국 책이 쌓여 집에 들어가지 못하는 지경이 될지도 모른다. 다시 한 번 '행동이 늦어지면 불안이 커진다'는 점을 명심하라.

마감일을 의식하고 착수하는 시점을 정해 즐거운 마음으로 행동하자.

작은 한 걸음을 소중히 여긴다

'머릿속으로 그려봤을 때는 괜찮았는데 실제로 하려니까 잘 안 된다.'

이렇게 느껴지는 경우가 있지 않은가?

대부분의 사람이 한 번쯤 이런 경험을 했을 것이다. 그래서 '꿈 깨라!', '현실을 직시하라'고 말하는 사람이 있는 것이다. 이런 말을 들으면 '역시 그렇군. 현실을 봐야겠구나'라고 생각할지도 모른다.

이쯤에서 잠깐 생각해보자.

거침없이 행동하여 크게 성공한 사람들은 '꿈'을 소중히 여긴다. 무슨 일이든 '꿈'에서 시작된다.

하늘을 날고 싶어서 비행기를 발명한 라이트 형제도, 지구가 둥글다면 대서양 저편에 인도가 있을 것이라 확신하고 항해를 시작한 콜럼버스도 처음에는 '가슴 벅찬 미래상'을 그리며 행동하기 시작했다. 어느 날 갑자기 비행기를 만들어내거나, 단번에 인도에 도착한 것은 아니다.

아무리 놀라운 업적을 달성한 사람일지라도 처음에는 아주 작은 일부터 시작했다.

혼자 설계도를 그리거나 자기 주변으로 사람을 모으거나 해서 시작한다. 대기업 창업자들도 마찬가지다. 처음에는 견습생으로 일하며 꿈을 향해 공부하거나, 작은 상점에서 시작하여 세계적인 공장을 만들어냈다.

그들은 모두 작은 일에서 시작했지만, 그전에 '되고 싶은 모습'을 그려보거나 '절대로 양보할 수 없는 가치관'을 마음속 깊이 갖고 있었다.

'현실을 직시하라!'며 이러한 주장에 반대하는 사람이 있어도 좋다.

그렇다. 그것은 현실적으로 가능한 일에서 시작하라는

응원의 메시지다.

'로마는 하루아침에 이루어지지 않았다.'

'천 리 길도 한 걸음부터.'

이와 같은 말도 있듯 큰 꿈을 실현시키는 데는 작은 한 걸음을 찾아내어 실제 행동으로 옮기는 것이 중요하다.

지금 당장 할 수 있는 한 걸음부터 찾아보자. 아마도 매우 간단한 행동일 것이다.

- 도서관에 가서 조사한다.
- 인터넷으로 키워드를 검색한다.
- 유력한 정보를 알고 있을 듯한 지인과 만나기로 약속한다.
- 어떤 사람이 유력한 정보를 갖고 있는지 여기저기 수소문해본다.

자신의 '가슴 벅찬 미래상'을 실현하기 위해 처음에 할 수 있는 것이라면 무엇이든 좋다.

한번에 할 수 있는 행동은 간단하고 작다. 가능한 한 행동을 세분하여 작게 만든다. 몸 상태가 좋지 않아서 '39도까지 열이 올라도 할 수 있을 만큼' 작게 세분한다.

즉 절대로 실패하지 않을 일부터 시작하는 것이 중요하다. 그럴 때 무슨 일을 해도 실패하지 않는 작은 한 걸음이 될 것이다.

'도서관에 간다'면 '도서관의 휴관일을 조사'한다.

그러기 위해서 '컴퓨터 전원을 켠다'.

이처럼 행동을 작게 세분한다.

큰 꿈을 실현하기 위한 첫걸음. 그 첫걸음을 내딛기 위한 작은 한 걸음. 이것을 찾아내는 것이 또한 작은 첫걸음이다.

인간의 행동은 세분화된 '작은 행동이 쌓여' 형성된다. 작은 행동을 쌓음으로써 큰 꿈을 실현할 수 있는 것이다.

즉 작은 일만 해도 좋다는 말이다. 작은 일은 반드시 할 수 있다. 이는 큰 꿈도 반드시 실현할 수 있다는 말이다.

단순하게 행동한다

'작은 행동'을 찾아내려면 단순하게 생각해야 한다.

단순하게 생각하기 위해서는 생각의 프로세스를 잘게 나누는 것이 중요하다. 그리고 각각의 프로세스에서 단순하게 생각하다 보면 '작은 행동'을 찾아낼 수 있다.

과제나 문제를 단순하게 생각하기 위한 여섯 가지 프로세스를 소개한다.

① '구체적으로는?'이라고 묻는다

눈앞의 과제, 큰 꿈, 가로막고 있는 어려운 문제. 이 모든 과제와 문제는 몇 가지의 요소가 섞인 상태로 눈앞에 나타난다. 그렇기에 '구체적으로 무엇이 문제인가?'라고 문제의 본질을 구체적인 형태로 잘게 쪼개는 것이 중요하다. 이때 '5W2H'를 활용해보자.

- Who(누가, 누구를, 누구를 위해, 누구에게, 누구로부터 등)
- What(무엇이, 무엇을, 무엇을 위해, 무엇에게, 무엇에 대해, 무엇을 가지고 등)
- When(언제, 언제부터, 언제까지, 과거 · 미래 · 현재 언제인가 등)
- Where(어디에서, 어디로부터, 어디로, 어디까지, 어디 근처 등)
- Why(왜, 어째서, 이유는, 동기는, 원인은 등)
- How(어떻게, 어떻게 해서, 어떤 식으로, 방법은 등)
- How much(어느 정도, 양은, 기간은, 넓이는, 수량은, 예산은, 금액은 등)

모든 사물은 구체적으로 발생하여 변화한다. 첫인상이나 편견에 치우친 정보로 처리하려 들면 문제의 본질을 꿰뚫지 못한다. 어떤 문제를 해결할 때 문제를 세분화하기 위해서는 구체적으로 생각하는 것이 가장 중요하다. 문제를 세분하고 본질을 정확히 파악할 수 있어야 근본적인 해결책을 찾을 수 있다.

② '그 외에는?'이라고 묻는다

'구체적으로는?'이라는 물음과 함께 사용한다. 어떤 과제나 문제를 깊이 이해하는 데 반드시 필요한 프로세스다. 어느 분야에 대해 깊이 이해했다면 빠뜨린 것은 없는지 확인하기 위해 '그 외에는?'이라고 묻는다.

③ '요점이 무엇인가?'라고 묻는다

'구체적으로는?'과 '그 외에는?'이라는 질문을 사용하면 과제나 문제의 전모가 밝혀져 사물의 윤곽이 상세하게 드러난다. 이때 자칫 보완할 점이 없는 듯 느껴질 수도 있다. 하지만 이 시점에서 다시 한 번 전체를 돌아보며 점검해야 할 사항이 있다.

'요점은 무엇인가?'

'즉 무엇이 일어나고 있는 것인가?'

'문제의 핵심은 무엇인가?'

이렇게 하면 구체적인 정보들 속에서 핵심 부분을 발견

할 수 있다.

문제에 대한 정보가 구체적이지 않은 상태에서 답을 찾으려 한다면 첫인상이나 편견에 사로잡혀 잘못된 판단을 할 수밖에 없다.

그러므로 단순하게 행동하기 위해서는 문제를 좀 더 구체화한 다음, 문제의 본질을 파악하는 과정이 반드시 필요하다. 이러한 순서를 따르면 모든 일이 단순하게 정리되고 단순한 행동을 이끌어낼 수 있기 때문이다.

④ 문제 해결 이후의 상황을 상상한다

'요점이 무엇인가?'를 파악한 뒤에도 명확한 해결책이 보이지 않는다고 당황할 필요는 없다. 초초해져서 닥치는 대로 대책을 세우면 지금까지의 프로세스는 무용지물이 되고 만다.

이 단계에서 해결책이 나타나지 않는 것은 당연하니. 아직까지 해결책에 대해 생각하지 않았기 때문이다. 여기까지는 현재의 상황을 이해하는 프로세스이므로 해결책이 보이지 않는다고 불안해할 필요가 없다.

이 단계에서 해야 할 일은 무작정 해결책을 찾는 것이 아니라 문제 해결 이후의 상황을 생각해야 한다. 무작정 방법을 찾지 않는다는 점이 중요하다.

문제나 과제의 핵심을 파악했다면 이렇게 생각해보자.

'이것을 어떻게 해결하면 좋을까? 더 나아지면 어떤 상황이 전개될까?'

문제 해결 이후의 상황을 모른 채 생각하거나 논의하면 제자리에서 맴돌기만 할 뿐이다. 마치 목적지를 정하지 않고 여행하는 것과 마찬가지다.

과제나 문제가 해결된 뒤의 상황을 생생하게 그려보라.

'고객이 우리 회사의 광팬이 된다.'

'거래처에서 좋은 조건의 오퍼가 쇄도한다.'

'회사 분위기가 완전히 바뀌고, 사장상을 받고, 회사에서 축배를 든다.'

이런 이미지를 떠올려보자. 상상하는 즐거움을 더욱 깊이 맛보았다면 다음과 같이 생각해보자.

예를 들어 '거래처에서 좋은 조건의 오퍼 메일을 받았다'고 해보자. 아침에 출근해 메일을 확인해보니 '앗!' 하고 숨이 막힐 정도로 좋은 조건이다. 연이어 전화벨이 끊임없이 울리고 직원들 모두 이리저리 뛰어다니며 분주한 소리가 넘쳐흐른다. 팩스도 쉼 없이 오퍼 요청서를 쏟아낸다…….
이런 식으로 오감을 총동원하여 생생하게 떠올려보자.

⑤ 그것을 위해 할 수 있는 것은 무엇인가?

'가슴 벅찬 미래상'을 실현하는 데 걸림돌이 되는 문제를 해결한 뒤의 상황을 상상 속에서나마 맛보았다면 이제부터는 문제를 해결하기 위해 할 수 있는 일을 찾아야 한다.

이때 가장 먼저 해야 할 일은 방법을 생각하는 것이다. 방법은 무한하다. 생각나는 대로 적어보자. '구체적으로는?', '그 외에는?'이라는 질문을 하면서 구체적인 방법을 써본다.

이제 방법을 모두 나열했다면 '가슴 벅찬 미래상'과 비교해보며 가장 좋은 방법을 선택한다.

그리고 '가슴 벅찬 미래상'이 실현될 때까지의 프로세스를 종이 위에 써내려가면서 시뮬레이션을 한다. 딱 들어맞는 것 같다면 그 방법을 실행하지 않을 이유가 없다.

⑥ 가장 처음에 내디딜 한 걸음은 무엇인가?

'가슴 벅찬 미래상'을 실현하기 위한 방법을 찾았다면

'가장 처음에 내디딜 한 걸음은 무엇인가?'라고 질문한다.

최초의 한 걸음은 '베이비 스텝'이라고도 부른다. 아기가 아장아장 걷는 모습을 연상하라. 그 정도로 시작해도 상관없다. 다시 한 번 강조하지만, 최초의 한 걸음은 매우 간단해야 하지만 무척 중요하다.

베이비 스텝은 나아가 먼로 워크Monroe Walk처럼 매력적인 걸음걸이가 되고, 마지막에는 위닝 런winning run이 되어 '가슴 벅찬 미래상'을 현실화한다.

위닝 런으로 연결되는 베이비 스텝을 찾아내자. 찾았다면 즉시 행동하라.

'아침'을
중요하게 여긴다

아침은 수면으로 피로가 가시고, 전날의 정보가 뇌 속에 정리되어 산뜻해진 시간이다. 잠에서 덜 깨어나 의식이 멍한 상태는 '가슴 벅찬 미래상'을 그려보거나, 마음속 깊은 곳에서 보내는 메시지를 끌어내는 데 매우 효과적이다.

최고의 경영자는 매일 아침마다 명상을 하거나 마음을 비우고 자신과 대화한다. 누구에게도 방해받지 않는 시간, 여유로운 명상의 시간을 만들 수 있다면 가장 좋다.

명상하는 방법을 모르겠다는 사람도 있을 테고, 아침부터 특별한 일을 하고 싶지 않다는 사람은 잠깐 눈을 감고 심호흡을 하면서 느긋하게 누워 있어도 좋다.

꿈을 꾸었다면 다시 한 번 떠올려본다.

이미지나 교훈, 인생의 힌트가 떠올랐다면 메모한다. 이어 미래에 자신이 어떤 모습으로 있기를 바라는지 상상하며 이미지를 그려본다. 그러고 난 뒤 천천히 일어나 세수를 하면 상쾌해질 것이다. 이렇게만 해도 괜찮다.

아침은 하루 중에서 가장 귀중한 시간이다. 아침 시간을 어떻게 사용하느냐에 따라 하루를 효과적으로 보낼 수도 있고 그러지 못할 수도 있다.

예를 들어 아침식사 전후에 하루의 계획을 확인하는 것은 매우 효과적이다. 10분, 15분이라도 좋다. 다음 순서로 계획을 확인해보자.

① 약속이 없다면 어떻게 살고 싶은가('가슴 벅찬 미래상')를 그려본다.

② 오늘 하루가 끝났을 때, 어떤 기분으로 무엇을 느끼고 싶은지를 그려본다.

③ 그러한 하루의 마지막을 맞이하기 위해 '오늘 해야 할 일은 무엇인가'를 쓴다.

④ 수첩을 꺼내 원래 정해져 있는 일정과 ③에서 확인한 '오늘 해야 할 일'을 적는다.

이렇게 하면서 식사를 하거나 출근할 준비를 한다.

짧은 시간이지만 오늘 하루를 전체적으로 확인할 수 있어서 쓸데없는 행동은 하지 않게 된다.

이는 결국 진심으로 바라는 '양보할 수 없는 가치관'이나 '가슴 벅찬 미래상'을 실현하기 위한 한 걸음이 된다.

아침에 10분, 15분을 잘 사용하면 하루가 놀라울 정도로 활력 있고 반짝거릴 것이다. 아주 잠깐의 시간이 24시간의 지렛대가 되는 것이다. 아침 10분, 15분은 볶음밥 위에 살짝 뿌린 소금, 장어구이에 곁들이는 생강과도 같다.

'능력은 대부분 비슷하다'고 생각한다

'저 사람은 능력 있어.'

'실력 있는 인재가 필요해.'

'능력을 발휘해보기도 전에 인사이동으로 전근을 가게 되었어.'

일을 하면서 이렇게 '능력'에 대해 이야기하는 경우가 종종 있다.

능력이 있는 사람과 그렇지 못한 사람, 실력이 있는 사람과 없는 사람. 만일 능력을 객관적으로 측정할 수 있다면 인사 담당 부서도 편해질 것이다. 세상에는 개인의 능력을 분석하는 방법이 다양하지만 장기간에 걸쳐 인재의 성장과 실적까지 예측하기는 어렵다.

어떤 능력이든 직장에서 어떻게 발휘하느냐에 따라 결과가 달라지므로 막연한 기준으로 '그 사람의 능력'을 측정할 수는 없다.

10초 안에 행동하는 사람은 능력이 있다, 없다에 신경 쓰지 않는다. 신경을 쓴다 한들 별 의미가 없다.

그것은 객관적으로 평가할 수 없는 말이기 때문이다.

10초 안에 행동하는 사람은 구체적으로 사고한다.

우선 '가슴 벅찬 미래상'에서 역산하여 필요한 능력을 생각한다.

'가슴 벅찬 미래상'을 생생하게 그린다. 그리고 실현되었을 때, 달성되었을 때의 즐거움을 음미한다. 그런 '가슴 벅찬 미래상'을 실현하려면 구체적으로 어떤 능력을 발휘해야 하는가를 생각한다.

'10만 명 규모의 이벤트를 성공시키겠다'고 자신의 미래상을 그렸다면 이벤트를 실현하는 데 어떠한 능력이 필요한지를 생각하는 것이다.

'관계자와의 커넥션은 있는가?'

'전체를 구성하는 기획은 어떠한가?'

'관객을 동원하기 위한 마케팅은 준비되어 있는가?'

'스태프를 제대로 지휘할 수 있는가?'

'운영자금은 충분한가?'

'가슴 벅찬 미래상'을 실현하는 데 필요한 능력을 생각나는 대로 최대한 많이 적는다.

업무 이외에 자신의 인생을 즐겁게 살아가는 데 필요한 능력도 함께 적는다.

수많은 능력이 쏟아져 나올 것이다. 그중에서 앞으로 꼭 갖추지 않아도 되는 능력은 제외한다. 이미 갖추고 있는 능력도 제외한다.

애매한 것이 남아 있을 수 있다. 냉철한 판단력으로 반드시 갖춰야 할 능력과, 꼭 갖추고 싶은 능력을 골라낸다.

그중에서 '지금 당장 필요한 능력'과 '시간이 걸리므로 앞으로 열심히 해서 갖춰두면 좋을 능력'을 선별한다.

여기까지 진행했다면 꽤 정리되었을 것이다. 이제는 이러한 능력을 갖추기 위해 앞으로 해야 할 일을 생각한다. 지금 당장 취할 수 있는 행동, 최초의 한 걸음이 되는 행동을 끌어낸다.

이제는 실행하기만 하면 된다. 시작해보자.

능력이 있는지 없는지를 고민하기보다는 '가슴 벅찬 미래상'을 실현하는 데 필요한 것들을 도출하고 최초의 한 걸음이 되는 행동을 특정하여 실행하라.

'일단 해보자'라는 신념으로 살아간다

신입사원 시절에 나는 '우리 회사는 뛰면서 생각한다'고 배웠다. 회사에 따라 '생각하고 뛰기 시작한다'라든지 '돌다리도 두들겨보고 건너라' 등 사풍社風은 제각각이다.

즉시 행동하는 사람은 '일단 해보자'에 초점을 맞춘다.

나에게 코칭을 가르쳐준 히라모토 아키오 씨(팀플로우 대표이사)는 "완성도가 30퍼센트라도 상관없으니 다섯 배의 스피드로 행동하라"고 말했다.

대기업에서 사원에게 '완성도가 30퍼센트라도 상관없다'고 하거나, 고객에게 '우리 상품의 품질은 30퍼센트 정도다'

라고 말할 수는 없지만 개인의 행동 지침으로 매우 유효한 방법이다.

'일단 해보자'는 세분화된 작은 한 걸음이다.

세분하지 않고 큰 행동을 하려고 들면 언제까지고 행동하지 못할 가능성이 높다. 그러나 39도까지 열이 올라도 할 수 있을 만큼 작은 한 걸음이라면 하지 않는 것보다 해봤을 때 깨달음과 배움을 얻을 수 있다.

해보고 틀렸다는 것을 알게 되면 빨리 철회할 수 있다.

가능한 작은 단위까지 행동을 세분하여 일단 해보자.

예를 들어 회계나 외국어를 배워볼까 생각했다면 초급 입문서를 읽어보거나 인터넷으로 검색해보는 등 당장 할 수 있는 일부터 해본다.

몇 년 전, 나는 사무실 근처의 단골 국숫집에서 일하는 점원이 모두 미얀마인이라는 사실을 알게 되었다. 외국에 대한 동경심을 갖고 있었던 나는 잠재적 목표로 외국어를 배워야겠다고 생각해왔는데 그 순간 미얀마어를 배우고 싶어졌다.

'매일 국숫집에 가서 점원에게 배우면 조금이라도 미얀

마어를 할 수 있게 될지 몰라.'

이런 생각을 하며 매일 국숫집을 찾았고, 조금씩 미얀마어를 배웠다. 나의 작은 한 걸음은 '국숫집 가기'였던 셈이다.

그러는 사이에 조금씩 미얀마어를 배우고 미얀마인들과 친해졌으며 미얀마라는 나라에 흥미를 갖게 되었다.

이렇게 되면 현지에 가고 싶어지는 것이 사람 마음이다.

나는 미얀마를 방문했고, 그 뒤에도 몇 차례나 다시 갔다. 결국에는 미얀마와 관련된 일을 하고 싶어졌고, 당시 근무하던 회사를 그만두었다.

지금은 클라이언트의 미얀마 활동을 지원하고, 일본과 미얀마의 발전을 위해 미얀마인에게 코칭을 전수하려고 한다. 미얀마에 관한 나의 '가슴 벅찬 미래상'은 미얀마인 코치가 웃는 얼굴로 활기차게 미얀마인 클라이언트에게 코칭을 하고, 클라이언트는 눈부시게 활동하는 상황이다. 이것을 실현하는 데 내가 참여한다면 더없이 기쁠 것이다.

'일단 해보자'에서 중요한 점은 **자신의 직감**이다.

흥미롭고 두근거린다는 감각에 따라 행동해보자. 그 감각을 따르는 데 전제조건은 '양보할 수 없는 가치관'이나

'가슴 벅찬 미래상'이 명확해야 한다는 점이다.

'양보할 수 없는 가치관'이나 '가슴 벅찬 미래상'이 명확하다면 자신의 감각을 믿을 수 있다. 미래상이나 가치관에 맞지 않는 일에는 마음이 움직이지 않고 두근거리지도 않기 때문이다.

직감에 따라 일단 해보자. 직감에 따라 옮긴 작은 한 걸음이 당신의 인생을 바꿔줄 것이다.

Chapter

3

행동하는 사람이 되는
10초 마인드 체인지

Change myself
[나를 바꾸다]

'알다', '배우다' 다음은 드디어 '나를 바꾸다'이다.
나의 **행동을 결정하는 마인드**를 바꿔보자.
기분과 관점을 바꾸면 당신의 마인드가 변한다.
마인드가 바뀌면 비로소 **행동할 수 있는 사람이 된다.**

어떤 기분을 선택할 것인가

사람은 누구나 기분의 영향을 받는다. 행동하지 못하는 것도, 행동하지 않는 것도 모두 기분에 의해 결정된다. 그렇다면 어떻게 해야 기분을 바꾸고, 행동으로 결과를 바꿀 수 있을까?

기분은 간단한 방법만으로도 바꿀 수 있다. 기분은 어떤 상태든 스스로 선택할 수 있다. 의기소침해지고 싶으면 기분이 가라앉는 행동을 하면 되고, 활발히 행동하고 싶으면 기분을 좋게 만들면 된다.

인간은 의기소침해지면 감정이 복잡해진다. 이럴 때 감

정이나 기분을 전환할 수 있는 기본적인 원리와 함께 '기분을 바꾸는 방법'을 설명하도록 하겠다. 기분을 바꾸는 데는 다섯 가지 원리가 있다.

① 기분은 선택할 수 있다.

② 감정 표현의 3요소(표정, 동작, 말)가 기분을 바꾼다.

③ 회상하는 것만으로 기분이 바뀐다.

④ 상상하는 것만으로 기분이 바뀐다.

⑤ 기분은 전달할 수 있다.

이 다섯 가지 원리를 하나씩 살펴보자.

먼저, '기분은 선택할 수 있다'이다.

기분은 크게 음과 양의 상태로 나뉜다. 편의상 음양으로 구분했을 뿐 적극적인가 소극적인가, 또는 행동을 즐기는가 그렇지 않은가로 이해하면 된다.

- **양의 기분** : 향상심, 긍정적, 외향적, 사교적, 활동적, 밝은 마음, 행동하고 싶은 마음, 회복, 확산, 비약, 활약,

가속

• **음의 기분** : 하향심, 부정적, 내향적, 비사교적, 우울, 행동하기 싫은 마음, 조용함, 가라앉음, 수축, 정지, 후퇴, 감속

어느 것이 좋고 나쁘다는 말이 아니다. 방향이 다를 뿐 모두 중요하다.

이 기분은 우리의 사고와 행동에 큰 영향을 미친다.

편안하고 밝고 쾌활한 기분일 때는 긍정적인 생각을 하게 되고, 어둡고 우울한 기분일 때는 부정적인 생각을 하게 된다.

그러므로 우선 **'기분은 선택할 수 있다'는 점을 인식하는 것부터** 시작한다.

많은 사람이 기분은 조정할 수 없다고 생각한다. 그러나 가능하다.

그 방법은 다음 단계부터다. '감정 표현의 3요소가 기분을 바꾼다'를 살펴보자.

감정을 표현하는 3가지 요소

기분은 눈에 보이지 않고 만질 수도 없다. 그래서 직접 조정하기는 어렵다. 기분은 그것과 연결된 '감정 표현의 3요소'를 변화시킴으로써 바꿀 수 있다.

감정 표현의 3요소는 **'표정'**, **'동작'**, **'말'**이다.

먼저 '표정'부터 설명하겠다.

슬퍼지면 슬픈 표정을 짓는다. 아기는 자주 울지만 슬퍼서 우는 것이 아니다. 배고픔, 졸림, 불편함 등 다양한 감정을 '울음'으로 표현한다. 성장하면서 웃고 울고 화나고 기쁜 표현을 익히게 된다. 즉 얼굴의 표정은 감정을 표현하기 위해 단련된다.

그러므로 얼굴 표정은 감정을 표현하는 수단이지만 표정에 따라 기분이 달라지기도 한다.

슬픈 표정을 지으면 괜히 슬퍼지고, 뛰어오를 듯 기쁜 표정을 지으면 즐거워진다. 이 성질을 이용하는 것이다.

얼굴 표정을 바꿔 감정을 유도함으로써 그 감정에 알맞은 기분을 만들어낼 수 있다.

표정을 바꿨다면 이번에는 온몸의 동작도 바꿔보자.

전 싱크로나이즈드 스위밍 올림픽 대표 선수인 다나카 우루베 씨의 강연을 들은 적이 있다. 그는 다음과 같이 말했다.

"싱크로 선수가 가슴을 펴고 웃는 얼굴로 입장하는 모습을 보고 시합 직전인데 참 잘 웃는다며 놀라는 분들이 있습니다만 그 반대입니다. 최선을 다해 웃는 얼굴로 가슴을 펴고 걷지 않으면 부담감에 짓눌려버립니다. 때문에 가슴을 펴고 웃는 표정을 짓는 것은 스스로에게 자신감을 불어넣는 것이라 할 수 있습니다."

싱크로 선수는 시합에 맞는 기분을 만들기 위해 그런 표정과 동작을 취하는 것이라는 얘기다. 최고의 선수는 동작이나 자세가 기분을 유지하거나 고양시킨다는 사실을 알고 실천한다.

우리도 동작이나 자세를 어떻게 취하느냐에 따라 원하는 기분을 만들어낼 수 있다.

나는 알통이 올라올 정도로 팔을 직각으로 굽히고 꽉 쥔 주먹을 위로 쳐올리는 동작을 취한다. 가츠 이시마 씨(일본의 영화배우이자 전 권투 선수-옮긴이)의 '가츠 포즈'다. 이렇게 하면 용기가 생긴다.

사람에 따라 다르므로 자신의 기분이 고양되는 포즈를 취해보자.

다음은 '말'이다.

자신에게 용기가 생기는 말을 소리 내어 외쳐보사. 나는 '됐다!'라고 외치기만 하면 뭐가 되었는지는 모르지만 해냈다는 기분이 든다. 사람에 따라 '잘됐어!', '대단해!', '좋다!' 등 다양할 것이다.

자신의 기분이 고양되는 말을 찾아보자.

이처럼 감정 표현의 3요소를 모두 바꾸면 기분도 바뀐다.

억지로 크게 웃으면 나쁜 기분도 한번에 사라진다.

웃는 순간, 시원하게 마음도 편해지는 것을 느낄 수 있다.

이것이 바로 백지상태가 되는 순간이다.

이런 시간을 만들면 기분을 쉽게 바꿀 수 있다.

지난 일들을 떠올려본다

다음은 '회상하는 것만으로 기분이 바뀐다'이다.

잠깐 실험을 해보자. 화를 내고 싶은 상태에서 웃어보는 실험이다.

우선 화가 났을 때의 일을 떠올린다. 옛날 일이든, 최근에 벌어진 일이든 상관없다. 거스름돈을 잘못 받았다거나, 식당에서 음식을 주문했는데 무시당했다거나 등등 뭐든 괜찮다.

그러한 상황을 떠올리면 점점 화가 치밀어 오른다. 그런 상태에서 크게 웃어본다. 가능한 한 과장되게 소리 높여 웃는다.

어떠한가?

화나는 기분이 어딘가로 사라져버리지 않았는가?

다시 한 번, 화나는 기분에 빠지려면 화가 났던 일을 떠올리지 않으면 어렵겠다는 사실을 느낄 것이다.

그와 동시에 다시 생각해본다.

이 글에서 나는 '화났을 때의 일을 떠올려보자'라고 썼고, 그에 충실하게 화가 났던 에피소드를 떠올린 사람은 점점 화난 기분과 분노의 감정이 생겨났을 것이다.

하지만 당신은 지금 이 책을 읽고 있으며 결코 눈앞에 화나는 일이 전개되고 있지 않다.

그럼에도 당신은 화가 난 기분을 맛본 것이다.

기분은 어떤 일을 떠올리는 것만으로도 바꿀 수 있다. 즉 과거의 체험을 떠올리는 것만으로도 기분을 바꿀 수 있다.

상상하는 것만으로
즐거워진다

다음은 '상상하는 것만으로 기분이 바뀐다'이다.

최고의 기분을 만들려면 어떻게 해야 할까?

코칭 세션에서는 지금까지의 다양한 장면을 떠올리며 문제를 생각하도록 한다. 실제로 경험한 것들 외에도 미래나 다른 사람의 기분, 그 장소의 상황을 조감하며 상상하게 한다.

이것이 앞에서 설명한 **관점**(사물을 보는 시점과 입장)의 **전환**이다.

이렇게 하면 순식간에 기분이 바뀐다.

당신도 이 관점의 전환을 경험해보았을 것이다.

예를 들어 영화를 보고 나면 왠지 기분이 바뀌지 않는가? 액션영화를 보고 난 뒤와 로맨스영화를 본 뒤의 기분은 각각 다를 것이다.

이와 마찬가지다. 뇌가 무엇인가를 보거나 외부로부터 자극을 받으면 기분은 쉽게 변한다.

영화는 픽션이며 자신의 인생에 실제로 일어난 일이 아니다. 그럼에도 영화의 내용에 따라 기분이 바뀐다.

당신이 원하는 인생의 모습인 '가슴 벅찬 미래상'을 생생하게 떠올리면 기분은 바뀌기 시작한다.

코칭 세션에서는 클라이언트에게 '가슴 벅찬 미래상'을 생생하게 그려보도록 한다.

그러면 모두 황홀한 표정을 짓는다. 매우 기분이 좋아 보인다.

그렇다, 자신의 인생에서 원하던 대로 이루어지는 장면을 상상하는 것은 그저 그런 영화를 보는 것보다 훨씬 더 기분이 좋아진다.

우리는 자신의 '가슴 벅찬 미래상'을 그려보는 것만으로 엄청나게 기분이 좋아진다. 최고의 기분을 만들어낼 수 있다.

좋은 기분을 만들고 싶을 때 비즈니스에서 성공한 모습, 아름다운 휴양지의 리조트에서 쉬고 있는 자신의 모습 등을 생생하게 상상해보자.

장소를 바꾸거나 주변을 정리한다

기분은 환경에도 크게 영향을 받는다. 싫어하는 사람과 함께 있으면 기분이 가라앉고, 자기 주변이 쓰레기투성이일 때와 깨끗할 때의 기분은 크게 다르다.

즉 환경을 바꿈으로써 기분도 바꿀 수 있다.

당신은 직장에서 스트레스 때문에 폭발할 것 같다면 어떻게 하는가?

그 자리에서 쓰레기통을 발로 차거나 상사를 때릴 수는 없는 노릇이다.

그런 경우에는 환경을 바꿔 기분과 감정을 조절한다.

가장 먼저 장소를 바꿔보자. 기분을 바꾸고 싶다면 10초라도 좋으니 잠깐 그 자리를 떠난다. 화장실에 가는 척하며 바깥 공기를 마셔도 좋고, 화장실 안에 들어가 기분을 안정시켜도 좋다.

그 장소나 공간에 감정을 자극하는 원인이 있다. 그곳에 계속 머무르면 감정이 어지러워져 기분이 가라앉는다. 그렇다면 그 장소를 떠나보자.

돌발적인 분노의 경우 그렇게 대처하는 것이 좋다.

좀 더 장기적으로 기분을 전환하려면 책상 주변을 정리한다. 기분이 좋아지는 물건을 책상 위에 올려놓음으로써 근무 환경을 바꾸는 것이다.

좋아하는 마우스패드나 탁상용 달력, 책을 놓는 것만으로도 기분이 달라질 것이다. 컴퓨터 모니터 배경화면이나 가방 또는 옷을 바꿔도 좋다. 자신답게 있을 수 있는 최고의 환경을 만들자.

환경은 매우 중요하다. 지금 머무르는 곳이 최고의 장소가 된다면 최대한의 퍼포먼스를 발휘할 수 있다. 자신의 책상이 기분 좋은 공간으로 바뀌면 회사에 가는 것도 즐거워질 것이다.

집에 있을 때 우울하거나 좋지 않은 기분에 휩싸인다면 방을 정리해 분위기를 바꿈으로써 자신의 감정을 바꾸는 것이 좋다.

환경을 바꾸면 기분도 달라진다

그 장소를 떠난다.

화장실에서 기분을 안정시킨다.

책상 주변을 정리하고 좋아하는 것들을 가져다놓는다.

다른 관점으로 전체를 내려다본다

행동하여 결과를 내는 사람은 자신의 행동을 업무라고 생각하지 않는다. 반드시 관계자 전체를 조감하여 사회적인 영향 관계 속에서 서로 어떻게 작용하는가를 생각하고 행동한다.

전체를 조감하는 습관을 갖게 되면 업무를 처리할 때 보지 못했던 맹점이나 낭비적 요소 등을 발견할 수 있다. 나무가 아닌 숲을 보아야 한다.

자신의 업무에 집중하고 싶은데 이를 방해하는 다른 일에 짓눌린다고 생각하는 사람이 있다고 가정해보자. 예를 들어 이런 사람이다.

'이런 서류를 왜 제출하라는 거야? 영업 효율도 떨어지는 상황인데.'

'보고서가 너무 많아. 영업 현장에도 나가봐야 하는데.'

전체를 조감할 수 있는 사람은 그 업무의 의미를 이해하게 된다.

보고서는 '영업하면서 얻은 정보를 사업본부와 공유하는 것으로, 앞으로 해야 할 일을 명확하게 설정하기 위한 정보 수집'이다. 이 의미를 이해하면 필요한 업무임을 알게 된다.

그러면 자신이 업무의 당사자라고 인식하게 된다.

'수집한 정보를 어떻게 활용하고 있는지 피드백을 해주기 바란다'와 같은 제안을 회사에 하게 될지 모른다.

나아가 '내가 윗사람의 입장이 되었을 때, 비효율적인 정보 수집 방법을 되돌아보기 위한 구조를 생각해보자'라든지 '앞으로 더욱 훌륭하고 획기적인 구조를 제안해보자'와 같은 자세가 될 수 있다.

사실 전체를 조감하는 것은 간단하다. 회사에 다니고 있다면 나의 상사, 그 위의 상사, 부장, 사장 등 직위를 따라 아래부터 위로 올라가면서 그 사람들의 입장에서 일이나 업무에 대해 '무엇을 어떻게 느낄 것인가'를 상상해본다.

여기에서 **'전체를 조감하기 위한 관점의 전환 활동'**을 실행한다.

사방이 2미터인 정방형을 가로축과 세로축으로 교차시킨 십자로 구역을 나눈다. 실제로 바닥에 선을 그릴 수 없는 상황이라면 이미지만 떠올려도 상관없다.

다음으로 A4용지 몇 장과 펜을 준비한다. 가로축에서 맨 오른쪽에는 '고객', 그 왼쪽으로 '상품', '나', '부장', '임원', 그리고 맨 왼쪽에는 '사장'이라고 쓴 다음 그 종이를 올려 둔다.

그리고 세로축의 가장 위쪽에는 '전체 조감'이라고 쓴 종이를 놓고 가장 아래쪽에는 '관계없는 제3자'라고 쓴 종이를 놓는다.

이것이 끝나면 부장, 임원, 사장 등 나와 관련된 사람을 쓴 종이 옆에 서서 그 관점을 체감한다. 당사자가 되어 평소에 무엇을 느끼는지 구체적으로 생생하게 상상한다.

상사 등 주변 사람의 경우에는 행동거지, 말투, 버릇 등을 흉내 낸다. 각각의 관점에서 느낀 점을 메모한다.

전체 조감의 관점, 관계없는 제3자의 관점을 느껴보고 관점과 관점 사이를 오가면서 전체 상황을 느껴본다.

마지막으로, 다시 나 자신의 관점으로 돌아가 나의 업무에 어떠한 의미가 있는가를 생각하고 스스로 느끼거나 깨달은 점을 메모한다.

이 활동을 하기 전과는 전혀 다른 의미를 발견하게 될 것이다. 새로운 아이디어도 나올 것이다.

전체 조감을 위한 '관점 전환'

① 사방 2미터의 공간이 있는 장소를 찾아 가로축과 세로축을 이미지화한다.

② A4용지에 나와 관련된 사람이나 사물을 쓰고 가로축에 늘어놓는다.

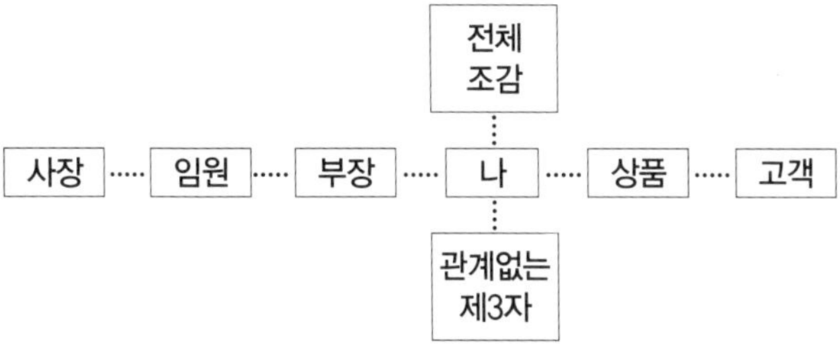

③ 세로축의 위쪽에는 '전체 조감'이라고 쓴 종이를 놓고, 아래쪽에는 '관계없는 제3자'라고 쓴 종이를 놓는다.

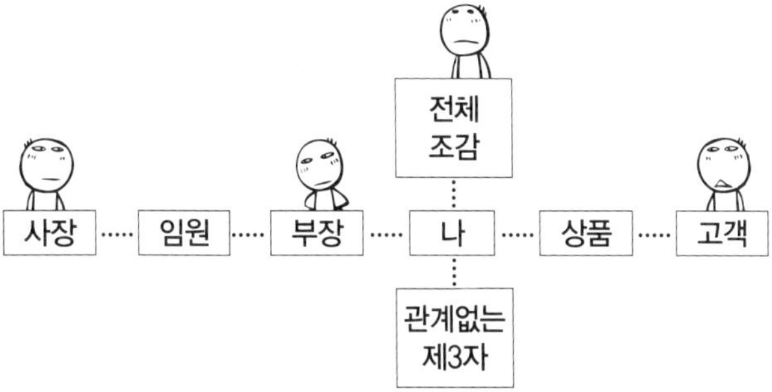

④ 위치를 바꿔가며 그 위치에 있는 사람의 감정이나 생각을 느껴본다.

필요 없는 것은 버리고 '지금 여기'에 집중한다

10초 안에 행동하는 사람은 지금 이 순간에 집중한다. 지금 할 수 있는 것은 작은 일뿐이라는 사실도 알고 있다. 지금의 한계를 알기에 할 수 있는 것이 있다.

그것은 '필요 없는 물건을 버리는 일'이다.

지금 할 수 없는 일이나 지금 시작하지 않아도 되는 일은 버린다.

필요 없는 업무, 필요 없는 물건, 필요 없는 시간 등 쓸데없은 것들을 말이다.

필요 없는 일은 지금 할 수 있는 일을 방해한다.

왜냐하면 하루 24시간 중 자유롭게 쓸 수 있는 시간이나 공간은 한정되어 있기 때문이다. 공간이 빈틈없이 채워져 있다면 새로운 일을 시작하기 어렵다. 공간을 비워두어야 새로운 일을 시작할 수 있다.

우선 시간부터 생각해보자. 별생각 없이 계속해온 습관이나 나도 모르게 하게 되는 쓸데없는 행동을 개선할 필요가 있다.

예를 들어 집에 돌아와 멍하니 TV를 보거나 페이스북과 같은 SNS만 들여다보고, 목적도 없이 웹서핑을 하는 것 등이다. 생활 습관을 체크해보면 무의식중에 많은 시간을 허비하고 있다는 사실을 확인할 수 있다.

습관화된 행동은 그만하려는 마음만으로 바꾸기 어렵다.

이때 필요한 것은 '**필요 없는 것을 버리겠다는 의식**'이다.

필요 없는 것을 버리면 시간적 여유를 확보할 수 있다.

공간적으로는 방 안에 있는 불필요한 물건을 버린다. 오래된 서류, 낡은 책, 유행이 지난 옷 등이 나올 것이다. 공간이 만들어지면 새로운 물건을 채울 수 있기 때문에 보다 쉽게 새로운 행동을 할 수 있다.

업무도 마찬가지다. 새로운 일을 시작하려면 불필요한

일을 그만두어야 한다. 경우는 좀 다르지만 나는 새로운 인생을 열기 위해 22년간 근무한 회사를 그만두고 코치로 독립했다.

지금에 집중하기 위해 불필요한 것은 버리자.

어쩌면 '버리기 아깝다'는 생각이 머릿속을 떠나지 않을지도 모른다. 고생해서 손에 넣은 것, 웬만해서는 구하기 어려운 것이라면 더욱 그러하다.

정말 필요한 것만 남기자는 말이지, 필요한 것도 버리자는 의미는 아니다. 말 그대로 불필요한 것을 버리는 것이다.

불필요한 것을 버리기가 어렵다면 생각을 바꿔보자.

정리정돈 코치인 오히라 아사코 씨는 "버리는 것이 아니라 넘쳐나는 물건 속에서 가슴 설레는 보물을 찾아내는 것"이라고 말한다.

'버리기 위해 정리한다'고 생각하면 조금도 기쁘지 않다. 그러나 '보물을 찾아낸다'고 생각하면 그 의미가 완전히 달라진다.

미국에서 큰 인기를 끌었던 곤도 마리에의 『인생이 빛나는 정리의 마법』 등을 참고하여 '버리기'를 실천해보는 것도 좋은 방법 중 하나다.

'버리기'에서 새로운 것을 시작할 수 있다.

불안을 용기로 바꾸는 마인드 체인지 상자

주변을 정리했으니 이제 '불안'을 말끔히 해결해야 할 차례다. 그 방법은 헤미싱크Hemi-Sync라는 음향 기술을 이용한 명상 시스템으로, 명상하기 전의 준비 단계에서 실행하는 테크닉을 응용한 것이다.

불안이나 잡념을 일단 옆으로 치워두고 집중력을 높일 수 있는 아주 효과적인 방법이다.

[불안을 없애는 마인드 체인지 상자]

① 심호흡으로 마음의 긴장을 풀어준다.

② 눈을 감고 눈앞에 튼튼한 상자가 있다고 상상한다.

③ 그 상자는 어떤 모양이라도 상관없다. 튼튼한 뚜껑이 달린 상자다.

④ 뚜껑을 열면 상자 안은 바닥이 없어서 4차원 상자처럼 어떤 물건이라도 수납할 수 있다.

⑤ 지금 불안한 일, 리스크에 대한 생각 등 당신의 도전을 방해하는 것을 모조리 상자 안에 넣는다. 각각의 불안을 떠올릴 필요도 없고, 모두 상자 안에 넣는다고 생각한다.

⑥ 뚜껑을 닫고 그 상자를 멀리 밀어버린다.

이게 끝이다. 당신의 도전을 방해하는 모든 잡념을 상자 안에 수납해 마음속 어딘가 깊숙한 최적의 장소에 보관한다고 생각하자.

이 상자는 언제든 필요할 때 끄집어내어 뚜껑을 열고 내용물을 꺼낼 수 있다.

하지만 그 상자에서 내용물을 다시 꺼낼 때는 불안이 아닌 당신에게 용기를 주는 따뜻한 에너지로 변환되었다고 생각하라.

불안을 일단 상자 안에 넣으면 신비로운 힘에 의해 용기로 변한다는 '마법의 상자'라는 이미지다.

당신을 불안하게 만드는 것들을 '마인드 체인지 상자'에 넣어 좋은 에너지로 바꿀 수 있다면 새로운 도전을 향해 달려가는 당신의 감정은 결코 흔들리지 않을 것이다.

불안을 없애는 마인드 체인지 상자

① 심호흡으로 마음의 긴장을 풀어준다.

② 눈앞에 상자가 있다고 상상한다. 그것은 튼튼한 뚜껑이 달려 있고 어떤 물건도 수납할 수 있는 4차원 상자다.

③ 지금 불안한 일, 리스크에 대한 생각, 공포 등을 모조리 상자 안에 넣는다.

④ 뚜껑을 닫고 그 상자를 멀리 둔다.

상자는 언제든 끄집어낼 수 있고,
그 내용물은 좋은 에너지로 바뀐다.

10초 동안
마음 비우기

즉시 행동할 수 있는 사람은 '지금 여기'에 집중한다. 그렇다면 '지금 여기'에 집중할 때의 기분은 어떠할까?

한마디로 말하면 낙관적인 상태다. 과거나 미래에 연연하지 않고, 지금을 즐기고 다양한 변화를 받아들여 언제든 행동할 수 있는 마음의 상태로 항상 안정되어 있다. 강이나 연못의 물에 비유하면, 고이지 않고 항상 흐르는 '플로flow' 상태다.

이를 무도武道에서는 '가만히 있지 않는 상태'라고 부른다. 적이 어떤 공격을 해올지 모르는 상황에서 반드시 이러할 것이라고 예상해 준비하면 그렇지 않은 상황에는 대응할 수 없어 목숨을 잃게 된다. 그러므로 경직되지 않고 항상 변화에 대응할 수 있도록 해야 한다. 그러면서 안정되어 있어야 한다.

어떤 공격이나 변화에도 대응하며 동시에 스스로 변화할 수 있는 태도, 이것을 '가만히 있지 않는 상태'라고 부르며 중시한다.

마치 '지금 여기'에 집중하면서도 낙관적인 상태와 같지 않은가.

이를 코칭에서는 클라이언트의 이야기를 선입견 없이 경청하는 '백지상태'라고 부른다. 선입견은 편견이나 착각으로 여러 가지 가능성에 마음을 닫게 만든다. 클라이언트의 다양한 가능성을 열기 위해서는 백지상태인 것이 중요하다.

행동할 수 있는 사람이 되려면 자신의 다양한 가능성의 문을 열어야 한다.

비즈니스에서 어떤 사업을 추진하기 위해서는 낙관적인 감정이 반드시 필요하다.

스코틀랜드 이민자의 아들에서 철강왕이 되어 아메리칸

드림의 대명사가 된 앤드류 카네기도 "밝은 성격은 어떤 재산보다도 귀하다"고 말했다.

낙관적인 상태란 과거에 집착하지 않으면서 미래의 불안에 압도되지 않고 '지금 여기'에 집중하는 상태다. 그렇기에 대담하게 결단하고 자신 있게 행동할 수 있다.

그러면 '지금 여기'에 집중하여 낙관적인 상태가 되기 위한 훈련(연습) 과정 하나를 소개한다.

이는 10초 동안만 마음을 백지상태로 만들어 '지금 여기'에 집중하는 방법이다. 10초 동안 마음을 텅 비울 수 있다면 한결 편안해질 것이다.

[10초 동안 낙관적인 백지상태를 만드는 방법]

① 눈을 감고 몇 차례 심호흡을 한다.

② 불안을 없애는 마인드 체인지 상자에 잡념을 집어넣는다.

③ 아무런 제약이 없다면 어떤 생활을 하고 싶은지 '가슴 벅찬 미래상'을 생생하게 그린다.

④ 충분히 그려보고 도취되었다고 판단되면 상상을 끝낸다.

⑤ 하나에서 열까지 천천히 세면서 호흡을 의식한다. 이 때 어떤 생각도 하지 말고 공기가 드나드는 감각이나 호흡소리에 의식을 집중한다.

⑥ 열까지 모두 세고 나면 그 시간을 보냈다는 것에 감사하는 마음을 갖는다. 마음속으로 '고맙습니다'라고 말해도 효과적이다.

⑦ 천천히 눈을 뜬다.

이 방법을 반복하면 10초 동안 낙관적인 백지상태를 느낄 수 있다.

하나에서 열까지 세면서 호흡을 의식하는 것은 호흡이야말로 '지금 여기'에서 일어나는 변화이기 때문이다.

이 훈련을 매일 실천하고 낙관적이라는 의식 상태가 무엇인지 알게 되면 언제라도 낙관적인 기분을 느낄 수 있다.

'지금 여기'에 집중하고 낙관적인 기분으로 행동하자.

실패에서 깨달은 것들을 기록한다

지금까지의 인생은 모두 과거다.

한순간 한순간 현재는 과거가 되고 미래도 점차 현재로 경험되고 과거로 변모한다. 미래는 현재의 행동으로 바꿀 수 있지만 지나간 일은 바꿀 수 없다.

그러나 과거에 일어난 일이나 경험에 대한 해석은 바꿀 수 있다.

자신이 저지른 실수와 실패를 교훈 삼아 두 번 다시 같은 실수를 반복하지 않도록 하면 '과거의 실패도 배움의 경험'이라고 바꿔 쓸 수 있다.

과거는 끝난 일이므로 현재와 미래에 활용해보자.

그러면 어떻게 활용할 수 있을까?

하나는, 기분을 조절하는 소재로 삼을 수 있다.

즐거웠던 기억이나 감동했던 일 등을 떠올리면 당시의 기분이 되살아난다.

예를 들어 온천에 몸을 담그고 여유로움을 즐겼던 순간을 떠올리며 생각에 잠겨보자. 지금 온천에 들어가 있지는 않지만 여유로운 기분이 되어 편안해질 것이다.

지금 느끼고 싶은 기분을 과거에 있었던 일에서 찾아내어 구체적으로 떠올리기만 해도 기분을 조절할 수 있다.

또 하나는, 과거에서 교훈을 끌어낼 수 있다. 성공했거나 실패했던 경험에서 깨달은 점을 글로 써본다. 그럼으로써 과거의 경험을 현재와 미래에 활용할 수 있다.

교훈을 끌어내는 방법은 다음과 같다.

① 경험을 에피소드로 떠올린다.

② 그중에서 경험을 상징하는 한순간을 떠올린다.

③ 그 장면 속에 자신이 있다고 상상한다.

④ 그 장면에서 보이는 것, 들리는 것, 몸으로 느끼는 것을 확인한다.

⑤ 다시 그 장면을 상상하고 느낀다.

⑥ 충분히 느꼈다면 다시 그 경험이 가르쳐준 것이 무엇인지 자문자답한다.

⑦ 교훈을 한 줄이나 두 줄의 문장으로 정리한다.

이렇게 교훈을 끌어내고 노트나 수첩에 적어본다. 이 구절들을 가끔 꺼내 읽으면 교훈으로 활용할 수 있다.

과거의 경험은 성공이든 실패든 당신의 현재와 미래를 지탱해주는 귀중한 자산이다.

모티베이션이 아니라 '의욕'이다

모티베이션이라는 말은 흔히 다음과 같이 사용된다.

'부장님에게 그런 말을 들으면 모티베이션이 없어질 거야.'

'연봉이 이렇게 깎이면 모티베이션도 낮아져.'

일본에서 '모티베이션'이라는 말은 타인에 의해 좌우되는 것이라는 뉘앙스로 사용되는 경향이 강하다. 이 책의 첫머리에서도 그러한 의미로 모티베이션이라는 말을 사용했다.

그러나 모티베이션의 본래 의미는 '행동의 이유 · 목적 · 원인' 또는 '의욕의 원천'이다. 인간의 행동, 즉 '동기를 부여하는 것'이라는 의미다.

앞서 예로 든 경우를 놓고 말하면, 정말 낮아진 것은 모티베이션이 아니라 의욕이라고 표현하는 게 더 정확하다.

모티베이션이라는 말을 사용하면 자신의 의욕이 떨어졌다는 사실을 모호하게 만들기 때문에 매우 주의해야 한다. 오히려 '의욕이 사라졌다'고 깨끗하게 인정하고, 그러면 어떻게 해야 할까를 생각하는 편이 현명하다.

여기에서 중요한 것은 **'의욕의 원천'을 어떻게 정할지, 의욕이 생길지 어떠할지는 자신에게 달려 있다는** 것이다.

다른 사람의 말이나 환경에 따라 '의욕'이 생기거나 사라지기도 하지만 그에 휘둘리지 않으면서 자신의 '의욕의 원천'을 확실히 파악하고, 스스로 '의욕'을 북돋우는 것이 중요하다.

모티베이션에 대한
오해와 진실

'의욕의 원천'이란 과연 무엇일까?

매니지먼트를 하는 입장에서 '의욕의 원천'을 생각하면 나오는 것이 일반적으로 말하는 모티베이션이다.

- 돈(보수, 자금, 보너스 등)
- 여유(휴일, 시간, 휴면, 일하는 방법 등)
- 포스트(지위, 직위, 권한, 명성, 명예 등)

이는 모두 고용인이 피고용인에게서 의욕을 끌어내기 위

해 준비하는 것이다.

이것을 '외부 발생적 모티베이션'이라 한다. 외부에서 제공되는 동기로, 다니엘 핑크가 말한 '모티베이션 2.0'이다.

그런데 '모티베이션=외부 발생적 모티베이션'이라고 생각하면 다음과 같은 오해가 생긴다.

- 모티베이션은 타인이 부여하는 것이다.
- 모티베이션은 보수로 결정된다.
- 모티베이션은 타인에게 인정받음으로써 올라가거나 떨어진다.

모티베이션은 '의욕의 원천'이다. 타인이 부여하지 않으면 의욕이 생기지 않는다던가, 보수로 자신의 의욕이 조절된다는 사고방식이다. 칭찬받지 못하면 의욕이 생기지 않는다는 말과 같다.

그러나 우리는 스스로 의욕적으로 바뀐다. 어떠한 보수도 없고 누구에게 칭찬받지 못하는 일이라도 몰두하여 일한다. 누구나 자신 안에서 부글부글 끓어오르는 '하고 싶다'거나 '해보고 싶다'거나 '재미있겠다', '해보자'는 감정이 있기 때문이다.

모티베이션에는 다른 하나가 더 있다.

그것은 '내부 발생적 모티베이션'으로, 다니엘 핑크가 말한 '모티베이션 3.0'이다.

자신이 '중요하다', '좋아한다', '이럴 때 즐겁다'고 느끼는 것은 그것의 가치를 인정하기 때문이다. 그중에 이것만은 양보할 수 없다고 생각할 정도로 강하게 가치를 인정하는 감정을 **'양보할 수 없는 가치관'**이라 부른다.

그리고 '정말 이렇게 되고 싶다', '이렇게 살고 싶다', '이런 일을 하고 싶다'라는 생각만으로 두근거리는 미래의 모습도 있다. 이를 **'가슴 벅찬 미래상'**이라 한다.

이처럼 '양보할 수 없는 가치관'과 '가슴 벅찬 미래상'이 내부 발생적 모티베이션의 정체다.

10초 안에 결과를 내는 사람은 모티베이션을 '의욕의 원천'이라고 이해한다. 그리고 외부 발생적 모티베이션보다 내부 발생적 모티베이션에 따라 자율적으로 행동한다.

'의욕의 원천'인 '양보할 수 없는 가치관'과 '가슴 벅찬 미래상'을 항상 명확히 설정하고 자신의 의욕은 조절할 수 있다는 사실도 알고 있다.

그러므로 모티베이션을 타인의 탓으로 돌리지 않는다. 의욕을 내고 싶으면 내고, 해야 할 일에는 자신의 '양보할 수 없는 가치관'에 비춰 의욕을 내는 접근법을 찾는다.

예를 들어 잡무라고 여길 만한 일이 부여되었을 경우, '승부가 걸리면 타오른다'는 사람은 라이벌을 설정하거나 완료 시점을 목표로 설정해 그때까지 할 수 있는가의 타임 트라이얼time trial을 해보는 것으로 의욕을 끌어낸다.

타인과의 커뮤니케이션이나 인간관계가 재미있으면 의욕적으로 변하는 사람은 잡무로 여겨지는 업무를 대화를 즐기면서 진행해나가도 좋고, 이 일을 함으로써 도움이 되는 사람이 즐거워하는 모습을 상상한다면 한결 의욕이 생길 것이다.

논리나 프로세스를 중시하는 타입이라면 잡무의 순서를 최대한 효율화하는 방법을 찾아내어 실행하면 만족스러운 업무가 될 것이다.

자신의 '의욕의 원천'을 이해하고 있으면 어떤 업무든 설레거나 즐길 수 있다.

생각나는 대로 '모닝 페이지'

아침에 일찍 일어나 출근하기 전에 시간적인 여유가 있다면 아웃풋 시간으로 활용하는 것이 좋다.

그 방법으로 **'아침, 말을 아웃풋하다'**를 추천한다.

여기에서 말하는 아웃풋에는 두 종류가 있는데, '내향적인 말'과 '외향적인 말'이다. 내향적인 말은 타인에게 보여주지 않는 것을 전제로 하는 말이며, 외향적인 말은 타인에게 읽히는 것을 전제로 하는 말이다.

아침 시간에 우선 해야 할 아웃풋은 내향적인 말이다.

지금은 블로그나 페이스북 등을 많이 사용하고, 말을 글로 쓸 때 외향적인 말이 대부분을 차지한다는 사람이 많다. 이런 시대이기에 누구에게도 보여주지 않는다는 전제로 자신에게만 쓰는 내향적인 말이 소중하다.

남의 시선을 의식하지 않고 쓰는 말은 자신의 '내면 보여주기'를 할 수 있다.

줄리아 카메론의 『아티스트 웨이The Artist's Way』라는 책에서는 매일 아침 반드시 노트 세 쪽 분량의 내향적인 말(지금 머릿속에 떠오르는 말)을 쓰라고 권한다. 이것을 그녀는 '모닝 페이지'라 이름 붙였다.

문장을 만들어 쓰지 않아도 된다. 아무에게도 보여주지 않을 것이므로 의미가 통하지 않아도 상관없다. 심지어 나중에 알아보지 못할 정도로 휘갈겨 써도 된다.

그 순간에 떠오른 것을 생각나는 대로 써내려간다. 컴퓨터가 아닌 손으로 직접 쓴다. 가능하면 전용 노트, 소중하게 다뤄야 하는 고급 노트를 사용하라.

손글씨로 독백하듯 쓰는 것이기에 '아직도 졸리다', '손가락이 움직이지 않는다', '어제 본 TV 방송은 따분했다', '부장이 한 말이 신경 쓰인다' 등과 같이 써보자.

매일 계속하면 자신의 감각을 자극하게 되고 표현 욕구가 활성화된다.

정말로 되고 싶은 자신의 모습을 깨닫게 될 것이다. 아침에 일찍 일어날 수 있는 사람이라면 날마다 '모닝 페이지'를 써보자.

아침 10초,
몸과 마음을 체크한다

한편 아침에는 최대한 잠을 자야 하기 때문에 시간이 없다고 말하는 사람도 있다. 그런 경우에는 10초만 시간을 내어 작은 테스트를 해보자.

그러면 자신의 기분을 체크할 수 있고, 그날 하루를 활기차게 보낼 수 있다.

이는 몸의 상태와 마음의 상태를 구분하여 파악하는 방법이다.

우리는 컨디션이 좋지 않으면 기분이 가라앉기도 하고, 컨디션은 좋은데 기분이 무거워지기도 한다. 현재의 기분은 몸의 상태와 마음의 상태가 각각 혼합되어 만들어진다.

여기에서 다음과 같이 각각 체크해보자.

- 몸 상태는 10점 만점 중 몇 점인가?
- 마음 상태는 10점 만점 중 몇 점인가?

우리는 대체로 컨디션을 생각할 때 몸과 마음의 상태를 구분하지 않는다. 하지만 몸과 마음을 구분하여 점수를 매겨보면 현재 기분의 정체를 정확히 알 수 있다.

'피곤해서 몸은 2점이지만 마음만 보면 7점. 그렇군, 그냥 피곤한 거구나.'

이렇게 자신의 상태를 객관적으로 파악할 수 있다.

자신을 객관적으로 파악하면 몸과 마음의 상태에 맞춰 행동할 수 있다.

몸은 10점 만점이지만 마음은 2점이라면, 가라앉은 기분을 그대로 유지해도 좋다. 기분은 선택할 수 있으니까. 또한 표정과 동작, 그리고 말 등 기분을 조절하는 방법을 사용해 좀 더 가볍게 하루를 시작해도 좋다.

관점을 바꿔
시야를 넓힌다

망설임과 고민을 없애기 위해서는 시야를 넓혀야 한다.

'시야를 넓힌다'는 것은 자신의 관점에만 머물러 있지 않는 것이다.

여기서 중요한 것은 자신의 눈높이와 다른 관점에서 자신의 행동을 보아야 한다는 점이다.

타인이나 다른 부서, 고객, 지역이나 사회, 국가나 아시아, 세계의 관점에서 다시 보는 것이다.

공간뿐만 아니라 과거나 미래도 같은 관점에서 보자.

'이 일을 끝마치면 그 뒤에 어떻게 하면 좋을까를 생각

한다.'

'훗날 자신의 입장에서 과제를 생각한다.'

'훗날 관계자의 관점에서 과제를 본다.'

사실 시야를 넓힌다는 것은 어려운 일이 아니다. 상상력을 발휘해 다른 사람이 된 다음 그 사람의 관점에서 사물이나 상황을 보면 된다.

타인의 관점으로 생각하려면 요령이 필요하다.

예를 들어 어떤 프로젝트에 관련되어 있다고 가정해보자.

① 프로젝트에 관련된 멤버 수만큼 의자를 준비한다.

② 멤버의 관계를 감각적으로 표현할 수 있도록 멤버의 수만큼 의자를 늘어놓는다.

③ 자신의 의자에 앉아 자기 관점에서 프로젝트를 체크한다.

④ 다른 멤버의 의자에 앉아 그 위치에서 프로젝트를 체크한다.

⑤ 이번에는 모든 의자가 보이는 위치에 서서 프로젝트 전체를 체크한다.(전체 조감의 시점)

⑥ 지금까지의 프로세스에서 깨달은 점을 메모한다.

의자 하나하나가 멤버 각각의 관점이다. 실제로 의자에서 의자로 이동하고 타인의 관점을 상상 속에서 체험하는 것이 중요하다. 지금까지 보지 못했던 것이 많이 보일 것이다.

다른 사람의 눈으로 나를 바라본다

인간관계에 갈등이 생겼을 때도 상대방의 입장에 서보는 것이 중요하다. 상대방의 입장에 서본다는 것은 그의 입장에서 사태를 볼 수 있으므로 그를 이해하는 것은 물론이고 사태를 보는 새로운 시각을 발견할 수 있다.

그러므로 앞에서와 마찬가지로 관계자의 수만큼 의자를 준비하고 하나하나에 앉아 그 사람의 감정을 느끼며 과제를 생각한다.

다른 사람의 관점에서 과제를 보는 것 못지않게 자신을 객관화시켜 점검해보는 것도 중요하다. 그러면 의외의 자기 모습을 발견하게 될 것이다.

이처럼 실제로 자신이 선 위치, 앉은 위치를 바꿔 과제를 점검해보는 것만으로도 시야가 크게 넓어진다. 반드시 시험해보기 바란다.

이는 시야의 고도와 넓이를 확대하는 것이다. 시간의 축을 넓히고 생활권을 넓히고 다른 사람의 관점을 끌어들임으로써 당신 자신의 시야를 넓히는 것이다.

만일 현재 진행하고 있는 일이 잘 풀리지 않아서 망설여지고 고민에 휩싸여 있다면 가능한 한 소리를 내어 크게 기지개를 켠다.

앉아 있다면 일어나서 앉아 있던 자신의 자리가 보이는 위치에 선다. 그리고 당신이 신뢰하고 존경하는 사람을 떠올린 뒤 그 사람이라면 이 상황에서 어떤 생각을 할지 상상한다.

충분히 상상했다면 자리에 앉아 있던 자신의 뒷모습을 한번 바라보자. 당신이 신뢰하는 사람의 눈으로 당신 자신을 본다면 어떻게 보일까?

이번에는 자리에서 조금 떨어진 지점에 서서 그 업무의

관계자가 되어 자신의 모습을 바라본다.

나아가 상사의 위치에서 혹은 미래의 자신이 되어 관점을 바꿔가며 바라본다.

어떻게 보이는가?

이러는 사이에 흐릿한 안개가 걷히듯 문제의 해법을 찾게 되거나 문제를 해결하는 데 한 걸음 더 다가가게 된다. 여러 사람의 관점으로 과제를 보고 해결책을 찾는다면 문제를 한결 쉽게 풀어나갈 것이다.

미루지 말고 지금 즉시 행동한다

아무리 자신의 기분이나 관점을 바꾸었더라도 변함없이 중요한 것이 있다. '즉시 행동한다'는 의식이다.

물론 '즉시 행동한다'는 것에 반대하는 의견도 있을 것이다.

'꼭 즉시 행동해야 좋다는 법은 없다. 행동하지 않는 편이 나은 경우도 있다.'

'깊이 생각한 뒤에 행동하는 게 낫다.'

물론 그럴지도 모른다. 즉시 행동하여 실패한다면 의미가 없다. 그러나 즉시 행동하지 않은 경우에도 '즉시 행동한다'는 의식은 중요하다.

직감적으로 행동하지 않고 깊이 생각한 다음 '자, 행동하자!'고 결의해도 결국 '즉시 행동한다'는 의식이 없으면 언제까지고 행동하지 않게 된다.

깊이 생각한다고 해도 결국 '즉시 행동한다'는 마인드가 필요한 것이다.

언제나 **'행동할 수 있을 때'는 '지금'뿐**이다.

'내일 하겠다'고 정하는 것도 지금 할 수 있는 일이다.

미루기에는 착수하는 시점을 정해두는 '좋은 미루기'와 착수하는 시점을 정하지 않는 '나쁜 미루기'가 있다.

즉시 움직이겠다고 정한 사람은 좋은 미루기를 할 수 있는 사람이다. 미룬 예정일이 지금이 되었을 때 즉시 행동할 수 있는 사람이기 때문이다.

반대로, 즉시 행동한다는 의식이 철저하지 않으면 좋은 미루기도 결국 점점 뒤로 밀려 나쁜 미루기가 된다.

즉시 행동한다는 말을 아무것도 생각하지 않고 무작정 행동하는 것으로 잘못 받아들이는 사람도 있을 것이다.

물론 무작정 행동하는 것이 반드시 나쁘지만은 않다. 행동량이 많으면 배우는 것이 많은데다 쓸데없는 짓을 하지 않고 계속하면 반드시 길이 열리기 때문이다.

단, 시간이 한정되어 있으므로 효과적으로 행동해야 한다.

그러기 위해서 중요한 점은 아무것도 생각하지 않고 행동하는 것이 아니라 전체를 보고 가장 적절한 행동을 하는 것이다.

Chapter

4

주변 사람을 끌어들이는
10초 체인지

Change others
[주위를 바꾸다]

행동하여 결과를 내는 사람은 자신뿐만 아니라
주위를 움직이도록 한다.

자신이 혼자 할 수 있는 일에는 한계가 있다.
어떻게 하면 동료, 부하직원, 상사, 파트너를 움직일 수 있을까?

상대의 행동력이 성과로 이어진다

어떤 일을 하더라도 혼자서 할 수 있는 경우는 많지 않다.

일은 고객, 거래처, 관련 부서, 상사나 부하직원 등 반드시 관계 속에서 진행된다. 그러므로 혼자서는 좋은 결과를 만들어낼 수 없다.

어떤 일을 성공시키려 할 때, 어떻게 해서라도 상대를 마음대로 조종하고 싶어질지 모른다.

상대가 부하직원일 경우, 자유롭게 풀어놓았다가 통제하기 어려워지면 곤란하므로 보고 · 연락 · 상담을 철저히 하도록 하여 엄격하게 관리해야 한다는 사람도 있다.

그러나 성과를 내는 사람은 상대를 조종하려 들지 않는다. 상대를 지배하에 두고 조종하고자 하면 자신의 이해득실만 생각하고 상대를 보게 되기 때문이다. 그러면 상대의 능력을 제한하게 되고, 결과적으로 상대와 멀어지게 된다.

성과를 내는 사람은 상대의 행동력을 높여주려 한다.

자신이 달성하고자 하는 일에 상대의 협력을 얻기 위해 상대가 좋아하는 것, 잘하는 것을 활용하는 협력 방안을 상대와 함께 생각해야 한다.

하지만 자신이 좋아하고 잘하는 것과 상대가 좋아하고 잘하는 것이 일치하지 않는 경우가 대부분이다. 이때 '나처럼 느끼고 생각하라'고 강요하면 제대로 되지 않는 경우가 많다.

상대를 존중하며 행동력을 높일 수 있는 협력 방안을 모색하는 것이 성과를 내는 지름길이다.

그러므로 '나를 따르라'는 식의 방법보다 서로 다른 두 사람이 만났으니 모두가 만족하는 공통 부분을 찾아내는 것이 중요하다.

그렇다면 과연 무엇을 찾아내야 할까?

'상대가 하고 싶어 하고 내가 상대방에게 바라는 것.'

'상대가 내게 원하고 나 또한 하고 싶은 것.'

이것들을 찾으면 서로가 하고 싶은 일을 하면서 협력할 수 있다.

이러한 협력 관계를 만들면 자신은 물론 상대의 행동력이 높아질 뿐만 아니라 당신의 과제 실현을 가속화시키는 것과 연결된다.

게다가 '저 사람은 나와 한편이다'라고 생각하면 상대는 당신의 또 다른 힘이 되며 당신의 과제 실현을 지지해준다.

그와 동시에 당신은 상대의 과제 실현을 지탱해주는 또 다른 힘이 되는 것이다.

칭찬과 함께 '메시지'를 전한다

주위 사람을 움직일 때 중요한 것은 그들의 '자신감'이다. 자신이 능력 없다고 생각하면 정말 능력이 없는 것과 같다. 돈을 서랍 안에 넣어두고 돈이 있다는 사실을 잊어버리면 그 돈은 없는 것과 마찬가지다.

자신을 믿는 것도 중요하지만 비즈니스 파트너나 동료가 자신감을 잃는다면 당신의 역량도 감소된다는 사실을 명심하라. 이렇게 되면 팀으로서의 힘을 발휘할 수 없기 때문이다.

동료가 자신감을 잃은 상태는 당신이 능력을 발휘할 수

없는 상태다.

업무상의 동료에게도 잘한 점을 짚어가며 자신감을 키워 주어야 한다. 자신감을 갖게 되면 반드시 능력을 발휘하기 때문이다.

주변 사람이 자신감을 갖도록 하는 방법 중에 우선 떠오르는 것은 '칭찬'이다.

일반적으로 '칭찬하며 키운다'고 말하지만 사실 '칭찬'이 만능은 아니다. '칭찬'이 효과적인 경우와 그렇지 않은 경우가 있기 때문이다.

칭찬은 윗사람이 아랫사람에게 할 때만 효과를 기대할 수 있다. 게다가 아랫사람이 윗사람의 말을 진심으로 받아들일 때만 통한다.

예를 들어 당신이 합기도 사범이고 상대는 이제 막 입문한 초보자인 경우, '그 동작 잘했어'라고 말해주면 진심으로 기뻐하고 날카로운 지적을 해도 잘 받아들인다. 상사가 부하직원을 칭찬할 때도 마찬가지다.

그러나 당신의 업무 파트너가 반드시 부하직원이라고는 할 수 없다. 다른 부서의 부장일 수도 있고, 거래처나 협력 회사일 수도 있다.

윗사람과 아랫사람의 관계가 아닌 상황에서 칭찬을 할 때는 주의를 기울여야 한다. 어설프게 칭찬하면 오히려 상대의 기분을 망칠 수도 있기 때문이다.

칭찬 대신 상대의 자신감을 높여주는 방법이 있다.

이는 상대가 잘하는 점, 훌륭한 점, 호감이 가는 점을 진심에서 우러난 마음으로 자주 얘기해주는 것이다.

내가 자주 사람들에게 '나의 메시지를 전달한다'라고 부르는 방법이다.

당신의 판단을 전달하는 것이 아니라 상대의 행동을 받아들인 당신이 느낀 감정을 상대에게 솔직히 전달한다.

예를 들어보자.

'보고서를 읽어보았습니다. 아주 세세한 부분까지 조사하셔서 많은 도움이 되었습니다. 저도 꼼꼼하게 신경 써서 일해야겠다고 생각했습니다.'

이런 말을 듣고 기분 나빠 할 사람은 없다.

만약 기분이 나빴다 해도 감정은 각자의 몫이므로, 그런 상대의 감정을 대수롭지 않게 여길 수는 있어도 '그렇게 느끼지 마'라고 강요할 수는 없다.

자신 안에 일어난 좋은 느낌을 전달함으로써 상대는 스스로 움직이기 시작한다.

잘하고 있는 점부터 이야기한다

상대의 자신감을 높여주려면 잘한 점, 잘하고 있는 점에 주목하고 이를 '자신만의 메시지'로 전달해야 한다.

막상 현실은 그렇지 않다. '이 점은 고치는 게 낫다'는 데에 눈길이 가게 마련이고, 입을 열자마자 그 이야기를 해버리는 경우가 많다. 대부분 긍정적인 측면보다 부정적인 면이 더 부각되기 때문이다.

지적을 받은 사람은 그 부분에 주의를 기울이게 되고 그 부분이 마음속에서 더욱 크게 확장된다. 그러면 상대는 자신감을 잃고 만다.

주의해야 할 점을 지적하는 데도 올바른 순서가 있다.

업무 파트너와 대화할 때, 본인 스스로 깨닫게 하는 다섯 가지 단계를 소개한다. 이는 코칭 프로세스를 단순화한 것이다.

① 상대가 업무상 '잘하고 있는 점'을 이야기하도록 한다.
② 상대가 '잘 안 되는 점'을 이야기하도록 한다.
③ '잘 안 되는 점' 중에서도 '잘되고 있는 점'을 찾아 이야기하도록 한다.
④ 다시 '개선할 점'에 대해 이야기하도록 한다.
⑤ 개선하기 위해 '우선 무엇부터 시작할까'에 대해 이야기하도록 한다.

이와 같은 순서로 잘되고 있는 점, 잘 안 되고 있는 점에 대해 서로 이해하면서 개선해야 할 사항을 이야기할 수 있다면 기분 좋게 받아들이게 된다.

그러면 상대는 자발적으로 행동하게 되는 것이다.

메모 습관으로 불안을 해소한다

당신이 불안해하면 말로 표현하지 않아도 주변 사람에게 전달된다.

당신이 다른 사람의 불안을 느낄 수 있듯 다른 사람도 당신의 불안을 감지한다. 아무리 억지로 포장해도 감정은 전달되게 마련이다.

그렇기에 불안을 해소해야 하고, 적극적으로 기분을 조절해야 한다.

여기, 메모지를 활용해 불안을 해소하는 방법이 있다.

먼저 세 가지 색깔의 메모지(포스트잇) 여러 장과 큰 종이

(예를 들어 A3용지) 세 장(A, B, C)을 준비한 뒤 다음과 같은 순서로 진행한다.

① 불안한 점을 첫 번째 색깔의 메모지에 적는다. 메모지 한 장에 불안한 점을 한 가지씩 쓴다. 모두 적었다면 큰 종이 A에 붙인다.

② 직감적으로 메모지를 분류하거나 위치를 바꿔 적당한 곳에 메모지를 다시 붙인다.

③ 큰 종이 A를 보면서 깨달은 점을 메모한다.

④ 조감하여 얻은 깨달은 점을 바탕으로 어떻게 되면 좋을지를 생각하여 떠오른 점을 두 번째 색깔의 메모지에 적는다. 이 새로운 메모지를 큰 종이 B에 붙인다.

⑤ ②와 같은 방법으로 다시 붙인다.

⑥ 큰 종이 A와 B를 비교하며 A에서 B가 되기 위해 무엇을 할 수 있는지를 생각한다. 깨달은 점을 메모한다.

⑦ 깨달은 점을 바탕으로 그것을 하기 위한 구체적인 방법을 세 번째 색깔의 메모지에 적는다. 그런 다음 큰 종이 C에 붙인다.

⑧ 큰 종이 C를 보면서 해결하기 위한 구체적인 행동을

끌어내고 계획을 세워 실천한다.

불안하다고 느껴지면 즉시 불안과 마주하여 무엇을 하면 좋을지를 찾아내어 개선해야 할 점을 실행하면 불안을 해소할 수 있다.

불안한 감정은 즉시 해결하는 것이 좋다. 그대로 방치하면 다른 사람의 감정을 망쳐 일을 그르칠 수 있기 때문이다.

불안을 해소하는 메모지 활용법

준비물

메모지(포스트잇) **세 다발**(세 가지 색깔이면 좋다),
A3용지 세 장

① 불안한 점을 첫 번째 색깔의 메모지에 적는다.(메모지 한 장에 불안한 점 하나)

② 이를 A3용지(A)에 붙이고 분류하거나 위치를 바꿔 붙인다.

③ 전체를 바라보면서 깨달은 점을 메모한다.

④ 깨달은 점에서 '어떻게 되면 좋을까'를 생각해 두 번째 색깔의 메모지에 적는다.

⑤ 이를 두 번째 종이(B)에 붙인다.

⑥ 첫 번째 종이(A)와 두 번째 종이(B)를 비교하며 A에서 B가 되기 위해 무엇을 할 수 있을지를 생각한다.

⑦ 깨달은 점에서 구체적인 방법을 세 번째 색깔의 메모지에 쓰고 세 번째 종이(C)에 붙인다.

⑧ 세 번째 종이(C)를 보고 구체적인 행동을 계획하고 실행한다.

함께 나누는 응원의 힘

성공한 사람들의 이야기를 들으면 부럽기도 하고 '나는 왜 그러지 못할까?'라고 생각한다.

그런데 10초에 인생을 바꾸는 사람이 성공한 사람의 이야기를 들으면 '좋아! 나도 노력해야지!'라고 생각한다.

프로 골퍼 전문 멘탈 코치인 이시바시 데쓰야 씨는 이렇게 말했다.

"함께 라운딩하는 선수의 퍼트를 보면서 '들어가! 들어가!'라고 생각하지 않고 '들어가지 마라! 들어가자 마라!' 라고 생각하는 사람은 자신이 할 때도 잘 되지 않는다. 많은 골퍼가 그렇게 말한다."

골프는 멘탈 스포츠라고 한다.

마음의 에너지는 자신에게 작용한다. 다른 사람을 보면서 '실패하라'고 생각하면 그 감정은 자신에게 되돌아온다.

그러므로 자신이 성공하고 싶다면 더더욱 **다른 사람을 응원하는 마음가짐mentality**을 가져야 한다. 업무를 진행하면서도 다른 사람을 응원하자. 응원한다는 것은 세 가지 관점으로 생각하는 것이다. 이렇게 할 수 있으면 그대로 그 사람을 응원할 수 있다.

- 그 사람이 자신을 좋아한다고 생각한다.
- 그 사람이 다른 사람을 신뢰할 수 있다고 생각한다.
- 그 사람 스스로가 다른 사람에게 도움이 된다고 생각한다.

눈앞에 있는 사람이 멋지다고 생각되는 점을 자신만의 메시지로 전달하는 것도 응원이다. 약속을 지키고 성실하게 대응하는 것도 응원이다. 그 사람의 역할에 진심으로 고마워하고 그 감정을 전달하는 것도 응원이다.

또한 그 사람이 가치관을 존중하고 그 가치관에 따른 행동을 하고 있을 때, 그 모습을 보고 당신 안에 생긴 좋은 감정을 전달하는 것도 응원이다.

예를 들어 '예전부터 꿈꾸던 목표를 이루기 위해 노력하는 당신의 모습은 나에게 용기를 주었다. 고맙다'라고 전달하는 것이다.

응원 에너지는 직접적으로 자신에게 되돌아오는 경우도 있고 그렇지 않은 경우도 있다.

그래도 모든 이의 응원 에너지는 우리가 살아가는 세계를 풍요롭게 한다. 계속 응원함으로써 자신도 응원받는다는 사실을 알게 될 것이다.

누군가를 조종하는 것이 아니라 서로 응원하고 응원받는 환경에 있을 때 진정한 도움과 주위 사람의 힘을 언제라도 빌릴 수 있다.

상대를 끌어들이는 3단계

상대방을 끌어들이려면 어떻게 해야 할까?

우선 자신을 오픈해야 한다. 자신의 강점과 약점을 받아들이고 자기 혼자서는 어떤 과제도 완수할 수 없다는 점을 인정한다. 업무상 파트너가 있기 때문에 자신이 과제를 달성할 가능성이 그만큼 높아지는 것이다.

이러한 생각으로 상대를 대하면 지나치게 거만해지지도, 비겁해지지도 않는다. 함께 손을 잡을 수 있는 사람으로 대하고 싶다는 감정이 강해진다.

자신을 오픈한다는 것은 상대와 대등한 관계를 만들고자

하는 것이다. 이를 대전제로 '상대를 끌어들이는 3단계'를 소개하면 다음과 같다.

1단계 · 상대의 가능성을 믿는다

당신이 그렇듯 상대에게도 한계가 있다. 하지만 상대는 당신과 연결됨으로써 무한한 가능성을 보여준다. 당신과 함께함으로써 상대도 오픈하기 때문이다. 여기서 중요한 것은, 당신이 먼저 오픈해야 한다는 점이다.

상대를 이용한다는 의식은 갖지 않는다. 어떤 능력을 발휘해줄지 흥미진진해질 것이다. 이러한 의식으로 상대와 이야기하면서 지금까지 배워온 것이 무엇인가, 실적은 어떠한가, 지금의 업무를 선택한 이유는 무엇인가, 어떤 생각으로 일을 하는가, 장래의 꿈은 무엇인가에 대해 흥미를 갖고 들어본다. 그리고 장점을 찾아낸다. 가능성이 있는 점이 무엇인가, 이미 훌륭한 점은 무엇인가를 찾아내어 종이에 적는다.

2단계 · 상대의 '의욕의 원천'을 존중한다

이제 상대에 대해 알기 시작했다. 나아가 상대가 좋아하는 것, 잘하는 것을 물어본다. 무엇이 '의욕의 원천(모티베이션)'이 되는지는 물어보지 않으면 알 수 없다. '의욕의 원천'은 개인에 따라 다르지만 대개 세 가지로 분류한다. 이는 게이오기주쿠 대학의 다카하시 슌스케 씨의 분류법을 참고한 것이다.

① **승진·달성 계통의 '의욕의 원천'** : 이기고 싶다, 달성하고 싶다, 성장하고 싶다, 올라가고 싶다 등과 같은 의욕

② **인간관계 계통의 '의욕의 원천'** : 고마워하기를 바란다, 다른 사람과 사이좋게 지내고 싶다, 사교를 좋아한다 등과 같은 의욕

③ **프로세스 계통의 '의욕의 원천'** : 순서를 지키고 싶다, 논리적이어야 한다 등 프로세스에 신경 쓰는 의욕

대부분의 사람은 이 세 가지 중에 어느 것 하나가 매우 강하고, 그 외의 두 가지는 비교적 약한 경향을 보인다.

상대와 자주 이야기해보지 않으면 어떤 '의욕의 원천'이 강한지 알 수 없다. 그러므로 아래 항목에 관해 질문해 보자.

- 지금까지 업무 중에 좋았던 것과 나빴던 것
- 지금까지 업무상 인간관계 중에서 좋았던 것과 나빴던 것
- 지금까지 맡았던 업무 중에서 성취감을 느꼈던 것

이러한 것들만 알면 상대가 무엇에 가치를 두고 있는지 파악할 수 있다. 상대의 '양보할 수 없는 가치관'을 확인했으면 그 가치관을 존중해준다.

3단계 · 상대의 관여를 끌어낸다

상대의 가치관을 파악했으면 당신이 달성하고 싶은 것, 당신이 원하는 분야의 능력, 협력이 필요한 것 등에 대해 전달한다.

그리고 상대라면 어떻게 관여할 수 있을지 함께 이야기한다.

상대의 가치관을 만족시킬 만한 관여가 가능한가, 상대에게도 메리트가 있는 점은 무엇인가, 상대가 남의 일이 아닌 자신의 일이라고 생각할 수 있는 점은 없는가…… 이러한 것들을 함께 찾아낸다.

상대방이 '가는 날이 장날!'이라고 생각하게 만들어서는 안 된다. 상대가 협력 방법을 발견할 수 있도록 대화를 진행한다. 그러려면 일단 선입견을 없애고 상대의 의견에 귀를 기울여야 한다.

상대가 적극적으로 관여할 수 있는 방법을 이끌어낸다.

'구체적으로 어떤 점에 흥미가 있는가', '이외에 어느 부분에 관여하고 싶은가', '어떤 일이 생기면 두근거리는가' 등과 같은 질문을 하면 좋다.

이 3단계를 통해 **상대의 자발적 헌신commitment을 이끌어낼 수 있을 때,** 상대를 끌어들인 상태가 된다.

그리고 여기까지 가치관을 공유하는 단계를 밟아왔기 때문에 당신에게도 상대의 가치관을 이해하고 응원하려는 감정이 생겨났을 것이다. 이때 당신도 그와 마찬가지로 상대에게 끌려 들어간 것이다.

서로 다르게 살아온 사람들이 인연이 되어 만나고 서로의 가치관을 존중하며 목적을 공유할 때, 혼자서는 불가능한 일도 이뤄낼 수 있다.

Chapter

5

10초로 목표에 도달하는
사고와 행동

Change my life
[인생을 바꾸다]

행동할 수 있게 되었다 해도
인생의 목표에 가까워지지 않으면 아무런 의미가 없다.

'목표(꿈)'에 가까워질 수 있는 사고방식과 행동의 비결은 무엇일까?
행동력과 목표를 연결시킴으로써 인생이 바뀌기 시작한다.

목표를 뛰어넘어 '그다음'까지 계획한다

인생을 바꾸는 사람은 현재 위치에서 목적지까지의 프로세스를 파악하고 '미래상'을 그려가며 행동한다. 그보다 위에 있는 사람은 목적지에 도착한 뒤, 또 그다음까지 생각하며 '거시적인 미래상'을 갖고 행동한다.

어느 고등학교 야구팀은 대회에서 우승하기도 전에 우승한 뒤의 상황을 구체적으로 이미지화하는 연습을 반복한다고 한다.

대회에서 우승한 뒤에 전교생과 교직원이 기뻐하고 경기장에 응원하러 온 가족이나 동네 사람들이 눈물을 흘리며 감격해하는 모습, 그런 모습을 보고 자신들이 얼마나 많은 사람의 응원을 받고 있는지를 깨닫고 큰 소리를 지르며 눈물을 흘리는 모습을 상상하는 훈련이다.

대회에서 우승한 이후의 모습을 현장감 있게 상상하는 것이다.

매일 이런 훈련을 하면서 시합 하나하나에 집중해 우승했다고 한다.

코칭 세션에서도 항상 이런 질문을 던진다.

'그다음에는 어떻게 되고 싶은가?'

목적지는 '종착지'이지만 그것으로 끝난 건 아니다. 목적지에 도착한 뒤에는 반드시 '그다음'이 있다. 나아가 그다음, 또 그다음이 있다. 사후를 확실히 검토함으로써 '목표 달성을 어떻게 받아들일 것인가'가 명확해진다.

'일일일생一日一生'이라는 말처럼 인생은 하루하루가 쌓여 만들어진다.

오늘 하루를 어떻게 보낼지를 생각하기 위해서는 내일 어떤 아침을 맞고 싶은가를 생각해야 한다. 내일 아침을 어떻게 맞고 싶은지, 내일 밤에 어떤 기분으로 잠들면 좋을지 상상해보자.

그리고 1주일이 지난 뒤 되돌아보았을 때, 어떤 1주일이었다면 진심으로 만족했을지 생각해본다.

이렇게 그다음, 또 그다음을 자꾸 생각하면서 지금 무엇을 해야 하는지 명확히 정해보자.

인생의 목표는 내가 결정한다

한번은 어느 영업사원과 이야기를 주고받은 적이 있다.

내가 "당신의 목표는 무엇입니까?"라고 물어보자 그 사람은 이렇게 말했다.

"네, 이번 달 목표는 매출 5,000만 엔이에요."

이어 나는 "그 목표는 어떻게 결정하나요?"라고 물었다.

"회사의 연간 목표에서 부문별 연간 목표, 월간 목표, 그리고 개인의 목표로 브레이크다운을 해서 결정하지요."

그 사람의 목표는 회사의 목표인 것이다.

"그러면 당신의 지금 목표는 무엇인가요?"

"네? 무슨 말씀인지 모르겠네요."

회사의 목표는 알고 있으면서 자기 인생의 목표는 모른다는 사람이 의외로 많다.

대부분 다른 사람이 목표를 정한다고 착각한다. 자기 인생의 목표는 스스로 결정하라.

개인 사업자라 해도 자신의 사업 목표는 갖고 있지만 자기 인생의 목표는 명확하지 않은 경우가 있다.

10초로 인생을 바꾸는 사람은, 어떠한 일에서든 자신이 주체가 되어 목표를 설정하지만 개인적으로도 명확한 목표를 세운다.

지금까지 인생의 목표 따위는 생각해본 적도 없다는 사람은 10초라도 좋으니 자신에게 물어보자.

'어떠한 제약도 없다면 어디에서 무엇을 하고 싶은가?'

매일 이 질문을 자신에게 던지다 보면 점차 당신의 인생 목표나 목적, '가슴 벅찬 미래상'이나 '양보할 수 없는 가치관'이 명확해진다.

당신은 당신 인생의 주인공이다. 다른 사람이 정해준 목표만으로 살아가기에는 인생이 너무 아깝다. 당신의 인생이므로 스스로 정한 목적이나 목표에 따라 살아가라.

다른 사람에게 '나의 꿈'을 이야기한다

어린 시절 당신은 한밤중에 꾼 꿈을 친구에게 이야기해 본 적이 있는가?

재미있어하면서 들어주거나, 별다른 관심을 보이지 않거나, 말하는 자신만 가슴이 두근댔을 것이다. 물론 밤에 꾼 꿈뿐만 아니라 미래의 꿈에 대해서도 자유롭게 이야기했을 것이다.

그런데 어른이 되면 '꿈 같은 소리 하지 마'라며 꿈을 나쁜 것으로 여기며 나무란다.

꿈은 이야기해서는 안 되는 것일까?

한편 회사나 조직 안에서는 항상 기획서나 제안서를 작성한다. 고객에 대한 제안서일 수도 있고 사내 품의서일 수도 있다. 이는 모두 아직 실현되지 않은 것을 제안하거나 승인받는 행위다.

아직 실현되지 않은, 실현하고 싶은 것.

이것이야말로 꿈이 아니겠는가!

우리는 항상 조직이나 다른 사람의 꿈에 대해 이야기한다. 그것을 실현하기 위해 최선을 다한다. 하지만 정작 자신의 꿈은 홀대한다. 이상한 일이다.

꿈을 이야기한다는 것은 **자신의 생각을 구체적인 형태로 만드는 첫걸음**이다.

아직 어디에도 존재하지 않는 것을 말로 표현하는 '태초에 말씀이 있었다'와 같다. 다른 사람에게 말로 전하고, 그 생각에 공감한 사람이 인정하거나 협력하거나 거래함으로써 생각은 현실의 길을 걷기 시작한다.

성공한 사람뿐만 아니라 자신의 인생을 바꿔온 사람은 반드시 자신의 꿈을 이야기한다. 몇 번이고 이야기하는 사이에 자신의 생각이 정리되고 꿈의 밀도가 높아진다는 점을 깨닫게 된다. 같은 노래를 여러 번 부르다 보면 잘 부르게 되는 것과 같다.

꿈을 이야기한다는 것은 세계에 대한 제안이다.

어린아이가 사탕을 갖고 싶어서 가게를 찾아가 '이거 주세요'라고 말하는 것과 별반 다르지 않다. 점원이 '50엔이야'라고 말할지도 모르고 '이건 안 파는 거야'라며 되돌려 보낼지도 모른다. 이것은 가게로부터의 피드백이다.

꿈을 이야기한다는 것은 세계에 대해 '나는 이렇게 살고 싶다'라고 말하는 것이다.

그러면 세계는 어떤 식으로든 피드백을 줄 것이다. 반대하는 사람도 있을 테고 공감하며 응원하는 사람, 협력하는 사람도 나타날 것이다.

꿈을 이야기하지 않으면 세계는 아무런 피드백도 주지 않는다. 당신의 꿈이 크면 클수록 그 꿈과 동시에, 큰 꿈을 이루기 위한 작은 한 걸음이 무엇인지 이야기해야 한다.

'인류의 인구폭발에 대비해 거대한 우주정거장을 만들고 싶다'라는 큰 꿈과, '그 꿈을 이루기 위해 우주기술 발명가와 이야기를 나누고 싶다'라는 작은 한 걸음.

사람들이 꿈을 이야기하기 싫어하는 것은 큰 꿈만 이야

기하므로 듣는 이가 '응원할 수 없어'라는 피드백을 할 가능성이 높기 때문이다.

좋지 않은 반응이라도 귀중한 것이다. 귀중한 정보를 얻기 위해서라도 가끔은 이야기해보자.

나의 꿈은 미얀마에 코칭 스킬을 보급하여 미얀마인 코치가 미얀마인 기업가나 경영자, 꿈을 실현하고 싶어 하는 사람들을 코칭하고 응원하는 세계를 만드는 것이다. 앞으로 몇 년에 걸쳐 이전에 경험하지 못한 경제 발전이 기다리고 있는 미얀마에서 진심으로 다른 사람을 응원하는 프로 코치가 많이 생기면 반드시 미얀마는 눈부시게 발전할 것이다. 이것은 나의 큰 꿈이다.

그러하기에 나는 지금 다른 사람을 응원하려는 마음이 강한 미얀마인을 만나고 싶다. 이것이 나의 작은 한 걸음이다.

당신의 커다란 꿈과 작은 한 걸음을 꼭 다른 사람에게 들려줘라.

어떻게 느끼고 새롭게 바라볼 것인가

10초 안에 할 수 있는 일은 한정되어 있다. 그 짧은 시간에 무엇을 할 수 있을까 싶지만 10초만으로도 인생이 크게 바뀐다. 지금까지 10초 안에 할 수 있는 '기분 리셋법'과 '관점의 전환'을 이야기했다. 행동을 바꾸고 인생을 바꾸기 위한 시간은 단 10초면 충분하다. 그 시간 안에 기분과 관점을 전환할 수 있기 때문이다.

기분을 리셋한다는 것은 세계를 어떤 색안경으로 볼지 선택하기 위함이다. 기분이 가라앉아 있으면 세계는 어두침침해 보일 것이다. 기분이 좋다면 세계는 환해 보인다.

당신은 지금 쓰고 있는 색안경에 만족하는가?

관점의 전환은, 고정되어 제한이 많은 시야를 크게 확대해준다. 관점이 고정되어 있으면 세계의 진정한 모습을 파악하기 어렵다. 제한된 시야는 행동을 제한하고 변화를 이끌어내지 못한다.

몇 가지의 관점을 느끼고 제약에서 빠져나와 '진정으로 어떻게 되고 싶은가', '무엇을 소중히 여기며 살면 좋을까'라고 다시 묻고 자발적으로 선택하라.

그러기 위해서는 관점의 전환이 중요하다.

기분을 리셋한다는 것도, 관점을 전환한다는 것도 **당신이 새롭게 살기 위한 방법**이다. 진실로 자유롭게 살기 위해 필요한 최초의 한 걸음인 것이다.

세계는 다면체다. 결코 한 면만으로 전체를 파악할 수 없다.

이 세상에 태어난 우리는 언제까지 살 수 있을지 모른다.

어느 날 갑자기 이 세상을 떠날지도 모른다.

한계가 있는 생명이며, 언제까지 살아갈지 알 수 없는 인생이다. 불평만 하며 시간을 보내거나 가라앉은 기분으로 살아가는 것도, 기분을 완전히 바꿔 상쾌한 기분으로 살아가는 것도 당신이 하기 나름이다. 당신이 느끼는 기분과, 당신이 선택한 관점이 당신의 인생을 결정한다.

주체적으로 살아가기 위한 첫걸음은 **자신의 기분과 관점을 스스로 결정하는 것**이다.

'힘들 때는 힘들어하고, 슬플 때는 슬퍼하는' 감정을 느끼는 것이 나쁘다는 말이 아니다.

중요한 것은, **'그것을 선택하는 것은 자신'**이라는 점이다.

그리고 기분과 관점을 스스로 선택할 수 있어야 한다는 점이다.

어떤 인생을 살고 싶은가? 이를 위해 어떻게 시간을 보내고 싶은가에 주의를 기울여보자.

항상 기분과 관점을 스스로 결정한다면 당신 인생의 주인은 언제나 당신 자신이 될 것이다

다른 사람의 꿈 이야기를 경청하고 공감해준다

'훗날 이렇게 되고 싶다'라든가 '이렇게 살고 싶다'라고 다른 사람이 꿈에 대해 이야기할 때 '그건 어려워' 또는 '현실을 직시해'라고 말하면서 부정하거나 비웃은 적이 있는가?

이때야말로 주의해야 한다.

다른 사람의 꿈을 부정하는 에너지는 자신의 꿈도 부정하게 만든다.

꿈은 생각이다. 생각이 없으면 어떤 상품도, 어떤 물건도 만들지 못한다. 인간의 생각 없이 자라는 것은 자연뿐이다. 인간이 하는 일은 모두 생각에서 시작된다.

다른 사람에게 아무리 이상해 보이는 꿈이라도 본인에게

는 매우 중요한 가치를 품고 있다.

실현 불가능한 꿈을 이야기하더라도 즉시 실행하는 사이에 실현 가능한 계획으로 수정되어간다. 그러므로 꿈에 대해 이야기하는 시점에서 실현될 가능성을 부정할 필요는 없다.

인생을 바꾸는 사람은 이런 사실을 이해하기 때문에 다른 사람의 꿈 이야기를 한마음으로 재미있게 들을 수 있다.

'이것이 실현되면 얼마나 멋진 일인가.'

이렇게 생각하면서 상대의 꿈 이야기를 경청하면 자신도 설레게 된다.

물론 당신에게 다른 사람의 꿈을 실현시킬 책임은 없다. 당신에게 그 꿈을 실현시키라고 한 것도 아니므로 다른 사람의 꿈에서 당신에게 도움이 될 만한 것을 끌어내보는 것은 어떠할까.

다른 사람의 꿈에서 배울 점도 있을 것이다. 꿈에는 그 사람의 사고 패턴이나 가치관이 농후하게 포함되어 있다. 이를 받아들이면 생각지도 못했던 발상이 튀어나올 수 있다.

그 사람이 실현하고자 하는 에너지를 흡수해도 좋다. '강한 의지를 갖고 활동하는구나' 하면서 에너지를 받아들이면 당신 자신의 꿈에 대한 생각도 틀림없이 강해질 것이다. '저 사람이 저렇게 열심인데 나라고 못할까' 하는 마음이 들 것이다.

나아가 당신의 꿈과 그 사람의 꿈이 서로 협력collaboration 하면 어떻게 될지 상상해보자. 협력하면 서로가 빨리 꿈을 실현할 수 있는 길이 보일지도 모른다.

꿈이란 미래에 대한 가능성의 보물창고다. 다른 사람의 꿈도, 자신의 꿈도 발상의 원천이며 창조 에너지의 정수essence다. 아직 실현하지 못했기에 다양한 가능성이 잠재해 있고, 다양한 방법을 생각할 수 있다. 꿈을 이야기할 때, 머리부터 부정해버리는 것은 매우 안타까운 일이다.

꿈을 이야기한다는 것은 눈에 보이지 않는 생각에 형태를 부여하는 첫걸음이다. 함께 소중히 여기고 공감하며 하나가 되어 꿈을 꾸자. 꿈이야말로 현실을 변혁하는 출발점이다.

갈등과 고민을 객관화시킨다

세상에는 수많은 기회가 넘쳐난다. 하지만 알아채지 못하면 아무짝에도 쓸모가 없다. 설령 알아채더라도 행동하지 않으면 기회는 다시 달아나버린다. 기회는 결코 기다려 주지 않는다. 기회가 왔을 때 붙잡아야 한다.

'즉시 행동한다'라는 마음가짐을 갖고 있으면 기회를 놓치지 않고 앞으로 나아갈 수 있다.

기회를 알아채기 위해서는 고민이나 갈등, 걱정과 같은 것에서 벗어나는 게 중요하다. 고민이나 갈등, 걱정을 가득 안고 있으면 시야가 좁아지고 기회를 알아챌 수 없다.

고민을 해결하고 편안해지도록 노력하자.

멘탈 코칭에서는 클라이언트의 갈등이나 고민을 해결해 주고 있다. 만일 주위에 코치가 없다면 어떻게 해야 할까? 당신 자신을 객관적으로 볼 수 있도록 종이나 메모지에 당신의 생각을 적어본다. '객관적으로 본다'는 것은 당신을 외부, 즉 다른 사람의 시각으로 바라본다는 말이다.

당신을 객관적으로 볼 수 있다면 갈등과 고민 역시 객관적인 입장에서 보게 될 것이다. 멘탈 코치는 당신의 외부에서 당신을 보는 사람이다. 코치가 없다면 이 책의 내용을 당신에게 적용해 실천해보라.

우선 앞에서 말한 대로 기분을 긍정적인 상태로 만들어야 한다.

그러고 난 뒤 고민이나 갈등을 적는다. 노트든 메모지든 상관없다.

고민이나 갈등이 인간관계에 관한 것이라면 여러 관계자의 입장에 서서 그들의 관점을 충분히 느껴보는 것이 좋다.

이 상황을 조감하며 진정 어떻게 되기를 바라는지 스스로에게 물어본다. 그러기 위해서는 되고 싶은 모습, '가슴 벅찬 미래상'을 구체적으로 떠올릴 수 있어야 한다.

'가슴 벅찬 미래상'을 상상하고 주어진 상황이나 환경을 파악한 뒤, 당장 실행할 수 있는 아주 작은 행동부터 시작하자.

인생에서 쓸데없는 일은 없다

'후회막급'이라는 말이 있다. 애써 행동으로 옮겼는데 예상했던 바와 달라지거나 실패하면 '아! 쓸데없는 짓을 했구나' 하고 후회하는 경우에 흔히 사용하는 표현이다.

그러나 쓸데없는 짓인지 그렇지 않은지는 일률적으로 판단할 수 없다.

쓸데없는 짓이란 어느 하나의 관점에서만 판단한 것에 불과하다. 관점을 전환함으로써 다양한 시각이 있다는 사실을 알게 되고 좀 더 다각적으로 판단할 수 있다. 행동이나 발생한 일 하나를 보아도 어떤 관점과 시각으로 보느냐에 따라 그 의미가 달라진다.

관점은 무한하다.

이것은 **'행동이나 발생한 일의 의미도 무한하다'** 라는 말이다.

쓸데없는 일이 아닌, 더욱 깊은 의미나 활용법을 발견해내는 계기가 될 수도 있다.

예를 들어 스티브 잡스는 대학을 중퇴했을 때 캘리그래피(글씨나 글자를 아름답게 쓰는 기술)에 매료되어 열심히 그 기법을 공부했다. 대학을 그만두고 아무런 밥벌이도 되지 않을 것 같은 캘리그래피에 몰두한 것이다. 지극히 쓸데없는 짓이라고 할 수 있다.

그러나 스티브 잡스는 훗날 그 경험을 매킨토시Mac의 다양한 서체에 활용했다. 오늘날 매킨토시뿐만 아니라 윈도우Windows에서도 다양한 서체를 표준 장착하고 있는 것은 그가 캘리그래피를 공부해 컴퓨터에 '글자의 아름다움'이라는 가치관을 도입했기 때문이다.

만일 스티브 잡스가 '캘리그래피를 배운 것은 쓸데없는 짓이었다'고 생각해 도입하지 않았다면 어떻게 되었을까?

우리의 컴퓨터 환경은 지금과 완전히 달라지지 않았을까? 컴퓨터로 작업하는 디자인도 틀림없이 지금과 완전히 다른 역사를 밟아왔을 것이다. 한 사람의 인생에서 쓸데없다고 생각하지 않았던 일이 전 세계에 영향을 미치고 문화를 풍요롭게 만든 것이다.

당신의 경험도 결코 쓸데없는 것이 아니다.

다양한 관점에서 음미해보면 귀중한 아이디어를 창출할 수 있다. 당신의 경험을 쓸데없는 것이라 치부하지 말고 미래에 활용하라.

그 하나하나가 쌓여 우리의 미래를 풍요롭게 만든다.

우리가 스티브 잡스에게서 도움을 받았듯, 나는 당신의 경험이 수용되어 미래를 풍요롭게 만드는 씨앗이 되기를 바란다.

이처럼 장대한 이야기는 아닐지라도 역시 경험은 쓸데없는 것이 아니다.

예를 들어 고생했던 경험이나 멀리 돌아갔던 경험 등을 당신은 화나고 쓸데없는 일이었다고 생각할지 모른다.

그러나 이것을 다른 사람에게 이야기해보자. 모두 흥미롭게 들어줄 것이다.

말하는 방식에 따라 웃기는 이야기나 미담이 될 수도 있다. 그러한 고생담을 당신의 미래를 실현하는 데 어떻게 활용할지는 당신에게 달려 있다.

나의 코칭 스승인 히라모토 아키오 씨는 노숙자가 되었을 때 포기하지 않고 어떻게 하면 이 경험을 성공에 이르는 미담으로 만들 수 있을까를 생각하며 기대했다고 한다.

옆에서 보면 고생하고 있는 중에도 그랬던 것이다. 아무리 하찮게 여겨지는 일이라도 당신의 성장을 위해 쓸데없는 일이라 생각하지 말고 이용할 수 있어야 한다.

실패했던 경험 중에는 생각조차 하기 싫은 일도 있다. 그러나 같은 일이 다시 반복될지도 모른다. 아니면 후배가 같은 상황에 빠질 수도 있다.

이런 때를 위해 실패에서 교훈을 끌어내어 미래에 대비한다면 당신은 두 번째의 실패를 막을 수 있고, 후배에게는 실패를 피하기 위한 중요한 정보가 될 것이다.

'이건 쓸데없는 짓이었다'고 생각하는 순간부터 그 경험은 정말 쓸데없는 것이 되고 만다. 어떠한 경험이든 쓸데없다고 생각하지 마라.

여러 가지 우연과 사건, 체험을 되돌아보고 교훈과 정수를 추출해가면 인생은 끝없이 풍요로워질 것이다.

다양한 관점에서 음미하는 습관을 길러보자.

스티브 잡스는 '스테이 풀리시Stay foolish'라고 말했다.

쓸데없는 것을 걱정하기보다 쓸데없는 일은 없다고 생각하고, 바보가 되어 무엇이든 경험해보자.

선택지가 적을수록 목표에 가까워진다

선택지는 많을수록 정말 좋을까?

그렇지 않다.

몇 년 전, 일본에서도 화제가 된 '선택 행동'의 과학적인 연구에 따르면 선택지가 너무 많으면 인간은 무기력해져서 선택할 수 없게 된다고 한다.

반대로 두 개, 세 개, 네 개처럼 선택지가 적당할 때 선택하기 쉬워진다. 선택이란 의사를 결정하는 것이다.

선택지가 적을수록 아이디어도 없고 혁신적인 아이디어는 더더욱 얻을 수 없다. 반면 선택지가 너무 많으면 고르지 못하게 된다. 그럼에도 질이 높은 아이디어를 얻기 위해서는 어느 정도의 양이 필요하다.

이는 모순일까? 그렇지 않다.

사실 아이디어를 창출하는 프로세스에서 **양을 만들어내는 단계와 질 높은 아이디어만 추려내는 단계**로 나누어 생각하면 된다.

그렇다면 양을 만들어내는 단계와 질을 높이는 단계를 어떻게 거쳐야 할까?

브레인스토밍은 양을 만들어내는 단계에 적당하다.

질은 염두에 두지 않고 일단 아이디어를 대량으로 생산한다. 그런 다음 아이디어를 분류하거나 관련짓거나 통합한다.

아이디어를 몇 개의 덩어리로 분류한 뒤, 이번에는 실현 가능성, 코스트 제한, 고객 니즈, 시장과의 매칭 등과 같은 조건에 맞춰 선별한다.

선별과 축소로 질 높은 아이디어만 남길 수 있다. 이렇게 하면 적당한 수의 선택지를 마련할 수 있다. 그러면 이제 선택하면 된다.

양을 만드는 브레인스토밍 과정에서 아이디어는 많을수록 좋다. 분류·통합 과정에서는 냉철하고 객관적인 기준이 중요하다.

이렇게 양을 만들어내는 단계와 질을 높이는 단계를 거쳐 선택지를 축소하면 행동하기 위한 의사 결정도 쉬워지고 목표에 더욱 가까워진다.

일보다 소중한 것이 무엇일까?

성공을 꿈꾸며 일을 하면 좋을 때도 있지만 나쁠 때도 있다. 자부심을 느끼며 일할 때, 일이야말로 자기 인생이라고 생각되는 순간을 경험할지도 모른다.

자신의 일을 사랑하지 못한다면 결코 좋은 결과를 만들 수 없다고 생각할 수도 있다.

나는 회사에서 신규 사업의 스타트업 멤버로 근무할 때 신규 사업과 나의 인생이 일치되었다고 느낄 만큼 업무에 몰두했다. 팀을 이뤄 일했지만 마치 내가 그 사업을 키워간다고 생각했다.

당시에는 '일=인생'이라고 생각했다.

이것은 단순한 착각이다. 결국 일은 인생의 일부에 지나지 않는다. 아무리 일에 푹 빠져 있어도, 아무리 저돌적으로 일에 매달려도 일 이외의 시간을 확실하게 살아야 한다.

뜻을 세워 시작했을지라도 언젠가는 무엇 때문에 이 일을 하는지 모르겠다는 상황에 부딪힐 수 있다. 냉정하게 자신을 다시 보면 알게 되는가 싶지만 그렇지 않을 때도 있다.

당신이 지금 하고 있는 일을 선택한 이유는 무엇인가?

'급여가 높아서.'

'인기가 있어서.'

'외국에 나갈 수 있어서.'

이러한 이유로 일을 시작하고 높은 보수와 인기를 얻었거나 해외에 나갔다고 당신의 선택을 충분히 만족시켰다고 할 수 있을까? 그렇다면 보수가 낮아지고 한직으로 밀려나거나 국내 근무로 바뀔 경우에는 그 일을 하는 의미가 사라지는 것이다.

그러면 그만둘 수밖에 없지 않은가.

해답은 일에 있는 것이 아니다.

일을 넘어선 상위의 가치관을 음미하는 것 이외에 그 일을 계속해야 하는 의미를 판단할 기준은 없다.

어떤 활동이나 일에는 그 자체의 의미와 상위의 가치에 해당하는 의미가 있다. 일의 상위 가치는 '인생의 가치'다.

우리가 아무리 일에 몰두하더라도 생활 속에서는 일 이외의 시간이 있다. 일을 하기 전의 어린 시절과 은퇴한 뒤의 인생에도 일 이외의 시간이 있다.

일 이외의 시간도, 일하는 시간도 모두 인생의 시간이다. 인생을 어떻게 살고 싶은가? 이것을 생각해보면 그 인생의 구성 요소인 일에 얼마나 투자해야 하는지를 알게 된다.

사적인 시간, 즉 '여가 시간'이라고 말하면 취미 이야기라고 생각하는 사람도 있다. 취미도 물론 포함되지만 전체적으로 인생을 어떻게 살아가고 싶은가라는, 당신의 가치관에 대한 이야기다.

그 가치관에 비춰보면 일에 대한 결론을 내릴 수 있다. 지금 이 시점에서 인생의 가치관을 모르겠다는 사람은 자신이 무엇에서 기쁨을 찾고, 무엇을 할 때 몰두하며, 무엇을 할 때 즐거운지 점검해보자. 그리고 매일 한 가지 이상씩 써보고 실천해보자. 그러는 사이에 자신이 어떤 생활을 하고 싶은지 알게 될 것이다.

10초 안에 인생을 바꾸는 사람은 일보다 소중한 것을 갖고 있다.

바로 **인생의 가치관**이다. 어떠한 제약도 없다면 어떻게 살고 싶은가? 그리고 무엇을 중시하는가? '양보할 수 없는 가치관'은 무엇인가? 이러한 것을 항상 명확히 갖고 있다.

나의 경우, 세계의 문화를 흡수하면서 그것을 문장이나 이야기 속에 가공하고 표현하고 싶다는 생각을 갖고 있다.

그리고 만나는 사람 모두에게 용기를 주고 그 사람의 표현을 발전시켜 세계의 문화가 풍요로워지는 데 관여하고 싶다. 가족 한 사람 한 사람이 자신답게 살고 자신의 생각을 세상에 발신하면서 즐겁고 풍요롭게 살아가기를 바란다.

이처럼 인생의 가치관을 갖고 현재의 일을 해보자.

처음부터 깔끔하게 정리하여 말하지 못해도 상관없다. 일을 뛰어넘어 인생에서 소중히 여기고 싶은 가치관을 명확히 하자. 그러면 당신의 인생은 보다 당신답게 빛나기 시작할 것이다.

다른 사람에게 기분을 지배당하지 않는다

이 책 전체를 통해 '기분은 주체적으로 선택할 수 있다'라는 점을 설명했다. '기분'이라는 말은 평소에 아무렇지도 않게 사용하지만 이 책에서는 '의식의 상태' 또는 '활력의 상태'라는 의미로 사용했다.

기분이라는 말을 '기氣'와 '분分'으로 나누어보자.

'기'가 이 세계 전체의 활력이나 활동하는 에너지라고 한다면, 이 '기'를 분할하는 단위가 '기분'이라는 이미지를 떠올릴 수 있다.

‘나의 기분’이라고 말할 때, 전 세계의 에너지를 나누어 갖은 나의 기, 게다가 이 순간의 활력 상태를 나타내는 것이 기분이다.

세계 전체의 활력 중에서 내가 분담하고 있는 것이 ‘나의 기분’이다.

한 사람 한 사람이 인생의 주인공이라고 생각하면 자신이 분담하는 기분은 확실히 자신이 담당해야 한다. 다른 사람에게 영향을 받아 주체성을 잃거나 지배당하는 것은 본래 지켜야 할 자신이 아니다.

기분은 10초면 바꿀 수 있다. 이 방법을 완전히 익혀 언제나 자신이 원하는 기분을 유지하자.

다른 사람도 그들 인생의 주인공이라는 사실을 명심하자. 다른 사람의 기분을 마음대로 지배하거나 강요해서는 안 된다. 서로 존중하는 관계를 맺어야 한다.

누군가가 부정적인 험담을 하더라도 그냥 받아넘기고, 스스로 자신이 원하는 기분을 유지하자. 영향을 받았더라도 기분을 다시 선택하여 자신이 원하는 기분으로 바꾸자.

기분을 되돌리려면 감정을 표현하는 세 가지 요소, 즉 표정과 동작과 말을 조절하면 된다.

자신에게 최고의 기분이 되는 것이 무엇보다 중요하다.

다른 사람과의 관계에서 서로 자존심을 존중해줄 때 우리는 같은 위치에 설 수 있다. 우리는 자신답게 있는 것만으로도 자신의 기분을 세계로 발산한다. 영향은 반드시 다른 사람과 연결된다.

이때, 서로 공감하여 공명할 수 있다면 함께 협력의 기쁨을 즐겨보자. 마치 춤과 같다. 주객이 하나가 되어 누가 주인이고 누가 손님인지 모르게 된다.

이렇게 하나가 되어가는 것이다. 여기에서 상호의존관계가 형성되고 상승효과가 나타나기 시작한다. 비로소 마음속 깊은 곳에서 '우리'라고 할 수 있는 관계가 만들어진다.

서로 자율을 중요시하고 다른 사람의 권리를 침해하지 않으면서 존중하고 높여준다면 그에 맞는 기쁨도 생긴다.

지금까지 이 책을 읽은 당신은 '양보할 수 없는 가치관'을 음미하며 '가슴 벅찬 미래상'을 향해 한 걸음씩 나아가게 될 것이다.

당신의 활약을 마음속 깊이 응원한다.

에필로그

당신의 꿈을 응원하며

마지막까지 읽어준 독자들에게 감사드린다.

이 책은 자신다운 인생을 열어주기 위해 여러 역풍을 맞아 무너질 것 같으면서도 희망을 버리지 않고 분발해온 당신을 위해 썼다.

'기분과 관점의 전환'이라는 콘셉트를 축으로 당신이 꿈을 실현하는 데 도움이 되는 사고방식을 소개했다.

심층심리학의 창시자인 칼 구스타브 융은 인생을 오전과 오후로 나누어 '인생의 오후는 개성화의 과정이다'라고 말했다. 사회에 적응하는 것이 중심 과제인 인생의 오전에서

정오를 지났을 때, 자신답게 살기 위한 프로세스인 개성화의 과정이 시작된다.

단, 다른 사람이 말하는 대로 한다고 좋은 것은 아니다. 자신답게 살고 다른 사람과 협력하면서 사회에 공헌하기 위한 자신만의 방법을 발견하고 실천하는 것이 개성화의 과정이다.

이는 나 자신도 마찬가지다.

코치로 독립하기 전에는 노동조합의 전임專任 위원장으로 4년간 근무했다. 울고 웃으면서 사람들을 응원하는 즐거움을 체험했다. 위원장직에서 물러난 뒤 직장으로 돌아갈 수도 있었지만, 기존의 업무에 몸을 던지는 것에 위화감을 느꼈다.

특정 기업에서 일하는 것도 나쁘지 않지만 내 마음속에서 '일본이라는 틀에 갇혀 있지 말고 미얀마를 시작으로 세계에서 활약하는 많은 사람을 응원하고 싶다'는 생각이 강하다는 사실을 깨달았다. 그래서 굳게 결심하며 독립했다.

이후 일본과 미얀마에서 수많은 사람들을 만나 그들이 꿈을 실현하도록 응원해왔다. 여러 차례 이야기를 나누며 그 사람다운 꿈을 명확히 하고, 그 사람다운 실현 방법을 탐구해 인생을 바꿔가는 프로세스는 클라이언트와 코치 모두에게 발명과 발견의 행위다. 매일 새로운 아이디어를 만들어내어 인생을 여는 프로세스는 쑥쑥 성장해왔다. 함께 성장하는 여정을 즐겨준 클라이언트에게 감사드린다.

책을 한 권 집필한다는 것은 무척 어려운 일이다. 혼자서는 완성할 수 없다. 역시 뜻을 공유하고 공명 관계 속에서 협력하며 풍요로운 성과가 탄생한다. 이번에도 이 점을 온몸으로 느꼈다. 많은 도움을 준 편집자 가노 뎃페이 씨, 인연을 만들어준 모리시타 유지 씨에게 깊은 감사를 전한다.

항상 인생 전반에 걸쳐 지도해준 오미야 시로 선생님, 헤미싱크의 세계로 이끌어준 사카모토 마사미치 씨를 비롯해 아쿠아비전 아카데미의 헤미싱크 트레이너와 스태프, 나의 코칭 스승인 히라모토 아키오 씨, 나의 코치인 오히라 노부타카 씨, 함께 도전한 싱어송라이터 스와 준코 씨, 고신도古神道의 세계를 교시해준 야카베 유키히코 씨, 소설가 스에타케 겐이치 씨, 테라피스트 고바야시 마사히코 씨, 이누카 아이카 씨, 사카모토 히로시 씨, 후쿠시마 나오미 씨, 함께 미얀마에 관련된 일을 한 구마키리 다쿠 씨, 미미 틴틴초에 씨, 모모툰 씨, 마운티 챈 씨, 아웅린 씨, 모우 쵸우 소 씨, 츄푸인 씨, 미얀마어 통역 가이드 틴 씨, 이외에도 미얀마인 여러분에게 감사드린다. 그리고 여기에 이름을 올리지 못한 많은 분들께 도움을 받았다. 진심으로 감사드린다.

이 책이 당신의 무한한 가능성을 세계로 발산하는 데 조금이라도 도움이 된다면 그 이상의 기쁨은 없을 것이다. 이 책을 읽고 느낀 점이나 도전한 일 등을 메일로 전해준다면 뛸 듯이 기쁠 것이다!

당신의 활약을 진심으로 기도한다.

후지요시 다쓰조

이메일 gonmatus@gmail.com

일하는 습관을 바꾸는
10초 행동력

초판 1쇄 인쇄 2016년 1월 25일
초판 2쇄 발행 2018년 6월 22일

지 은 이 후지요시 다쓰조
옮 긴 이 김영희
펴 낸 이 변성진
디 자 인 이재성

펴 낸 곳 도서출판 위
출판등록 2011년 6월 14일 제406-2011-000167호
주 소 경기도 파주시 광인사길 115(문발동 507-8)
전 화 031-955-5117
팩 스 031-955-5120
홈페이지 www.wegroup.kr

ISBN 979-11-956494-0-2 03320

• 책값은 뒤표지에 있습니다.
• 파본은 구입하신 서점에서 교환해드립니다.
• 이 책은 저작권법에 의해 보호받는 저작물이므로 무단 전재와 복제를 금하며, 이 책 내용의 일부 또는 전부를 재사용하시려면 반드시 저작권자와 위미디어 양측의 서면 동의를 얻어야 합니다.